London fürs Handgepäck

London
fürs Handgepäck

Herausgegeben von Holger Ehling

Übersetzungen von Marcus Geiss, Anette Grube,
Ingo Herzke, Hans Jacob, Gabriele Krüger-Wirrer,
Miriam Mandelkow, Wolfgang Müller, Hans Reisiger,
Angela Schumitz, Patrick Sielemann, Christine
Steffen, Henning Stegelmann, Kyra Stromberg, Eduard
Thorsch, Elmar Tophoven und Sophie Zeitz

Unionsverlag
Zürich

Im Internet
Aktuelle Informationen,
Dokumente, Materialien
www.unionsverlag.com

Unionsverlag Taschenbuch 512
© by Unionsverlag 2011
Rieterstrasse 18, CH-8027 Zürich
Telefon 0041-44-283 20 00, Fax 0041-44-283 20 01
mail@unionsverlag.ch
Alle Rechte vorbehalten
Reihengestaltung: Heinz Unternährer
Umschlaggestaltung: Peter Löffelholz
Umschlagfoto: Stefaanh
Druck und Bindung: CPI – Clausen & Bosse, Leck
ISBN 978-3-293-20512-3

Inhalt

Eine Stadtrundfahrt

Doris Lessing

In einem kleinen Tabakwaren- und Süßigkeitenladen vor der U-Bahn, der Underground, unterhält sich der Inder hinter dem Ladentisch lautstark mit einem jungen Mann. Beide sind so wütend, dass Kunden, die den Laden eigentlich betreten wollten, es sich anders überlegen.

»Sie haben mein Auto ruiniert, sind mit ihrem Wagen an ihm entlanggekratzt, bis der Lack an der Seite völlig hinüber war. Ich hab es gesehen, weil ich zufällig am Fenster stand. Halb totgelacht haben sie sich dabei, haben gewendet und die andere Seite demoliert. Anschließend sind sie davon wie der Teufel, haben mich am Fenster stehen sehen und gelacht.«

»Man muss die Sache selbst in die Hand nehmen«, sagt der Inder. »Letzten Monat haben sie sich den Laden meines Bruders vorgenommen, haben brennendes Papier in den Briefkasten gesteckt. Ein Glück, dass nicht der ganze Laden abgebrannt ist. Die Polizei hat nichts unternommen. Mein Bruder hat angerufen und ist aufs Revier. Zwecklos. Also haben wir herausgebracht, wo sie wohnen, sind hin und haben ihren Wagen zertrümmert.«

»Ja«, sagt der andere Mann; er ist weiß. »Die Polizei will

davon nichts wissen. Ich hab ihnen erzählt, dass ich alles beobachtet habe. Sie waren betrunken, hab ich gesagt. Und was
erwarten Sie von uns?, hat der Polizist gefragt.«

»Ich sag Ihnen, was Sie tun können«, sagt der Inder.

Die ganze Zeit über stehe ich unbeachtet daneben. Die
beiden sind viel zu wütend, um darauf zu achten, ob ihnen jemand zuhört und sie womöglich der Polizei melden könnte.
Dann sagt der junge weiße Mann, womöglich ein Bauarbeiter
oder Lastwagenfahrer: »Und Sie meinen, ich solls genauso
machen?«

»Nehmen Sie sich ihren Wagen mit einem großen Hammer
oder einem Brecheisen vor, wenn Sie wissen, wo sie wohnen.«

»Ich hab da so eine Vorstellung.«

»Na also.«

»Sie haben recht. Also gut.« Er verlässt den Laden und
kommt gleich wieder zurück, wegen der Zigaretten, die er
hatte kaufen wollen, in seinem Zorn aber vergessen hat.

Der Inder bedient mich, automatisch. Während seine Hände
arbeiten, ist er mit den Gedanken woanders.

Als ich gehe, sagt er »cheers« und dann, als ob er das andere
Gespräch fortsetzen wollte: »Na also.«

In unserer Gegend verrammeln nicht nur die Inder nachts
ihre Läden mit Gittern so engmaschig wie ein Kettenhemd.

Jetzt stehe ich auf dem Gehsteig in einem Garten. Die Frau
vom Blumenladen hat ihre Pflanzen wie immer in ordent-
lichen Reihen aufgestellt, hoffnungsvolle, sprießende Pflanzen, und es ist an der Zeit, sie rauszubringen, mit anderen
Worten, es ist später Frühling. Eine Lilie, die einen guten
Monat zu früh blüht, verströmt einen Duft, der intensiver
ist als der Gestank der Autos, die sich den ganzen Tag und
die halbe Nacht durch diese Hauptverkehrsstraße Richtung
Norden wälzen. Es ist eine hässliche Straße, die man tunlichst
meiden sollte, wenn man mit dem Auto unterwegs ist, denn

für ein paar hundert Meter kann man hier eine halbe Stunde brauchen.

Vor nicht allzu langer Zeit markierte die Stelle, an der ich jetzt stehe, die Grenze Londons. Eine alte Frau hat es mir erzählt, die früher jeden Sonntag hergefahren ist, von Marble Arch mit dem Bus für einen Penny. Das heißt, »wenn ich einen Penny erübrigen konnte. Ich hab ihn mir vom Essen abgespart und mich die ganze Woche schon drauf gefreut. Dahinten waren überall Felder und kleine Bäche, und wir haben unsere Schuhe und Socken ausgezogen und die Füße ins Wasser gesteckt und den Kühen zugeschaut. Und die Kühe haben uns zugeschaut. Und Vögel, es gab eine Unmenge Vögel.« Das war vor dem Ersten Weltkrieg, in einer Zeit, die in vielen Büchern als Goldenes Zeitalter beschrieben wird. An etlichen Kiosken vor den Eingängen zur Underground kann man noch Postkarten mit Fotos von dieser Straße von vor rund hundert Jahren finden. Es war immer eine ärmliche Straße, und sie ist es auch heute noch, in diesen Zeiten des Wohlstands und des Friedens. Trotzdem, zu viel hat sich nicht verändert, nur sind die Schaufenster auffälliger dekoriert und voll bunter, billiger Kleidung, und es gibt eine Tankstelle. Auf den Postkarten sieht man bescheidene, respektable Gebäude und fast in jedem Haus im Erdgeschoss ein Geschäft von der Art, wie es sie schon längst nicht mehr gibt, Geschäfte, in denen die Kunden persönlich bedient wurden. Vor den Geschäften – hinter den Ladentheken hervorgebeten, um den Mittelpunkt der Fotos zu bilden – stehen Männer mit Bowler-Hüten oder Arbeitsschürzen; handelt es sich um eine Frau, trägt sie eine Art Hut, die hartnäckig auf Respektabilität besteht, denn das ist eine für die Armen unverzichtbare Eigenschaft. Und nur ein paar hundert Meter weiter nordwestlich ließ meine Freundin sonntags die Beine in den Bach baumeln, während sich die Kühe um sie scharten. »Das Wasser war kalt, und es hat einem zuerst schier den Atem verschlagen, aber man gewöhnte sich schnell daran. Es war der schönste Tag der Woche.« Noch etwas weiter nördlich stand eine Mühle. Eine andere, etwas jüngere Frau hat mir erzählt, dass sie sich noch daran erinnert. »Mill Lane – die Straße heißt so wegen der Mühle. Aber dann hat man sie abgerissen.« An ihrer Stelle steht jetzt ein Gebäude, das kein Mensch beachten würde, wüsste man nicht, dass sich früher dort die Mühle befand. Wenn es sie noch gäbe, wären wir stolz auf sie und würden Eintritt zahlen, um hineinzugehen und einen Blick in die Vergangenheit zu werfen.

Ich betrete den U-Bahnhof, kaufe eine Fahrkarte an einem Automaten, der in der Regel funktioniert, und steige die lange Treppe hinauf. Hier gab es einmal schöne Toiletten. Heute sind sie geschlossen, denn kaum hat man sie in Ordnung gebracht, sind sie auch schon wieder verwüstet. Es gibt einen freundlichen, geheizten Wartesaal, aber oft ist ein Fenster eingeschlagen, und immer sind die Wände voll Graffiti. Was wollen die jungen Leute – denn in der Regel sind es junge Menschen, überwiegend Männer – zum Ausdruck bringen, wenn sie zerstören, was sie nur können? Sie sind nicht gewalttätig, weil es ihnen an etwas mangelt. Es ist noch gar nicht lange her, dass ich einer berühmten Universität im Norden Englands einen Besuch abgestattet habe. Auf jeden freien Studienplatz kommen dort zwanzig Bewerber, und neunundneunzig Prozent der Studienabgänger finden innerhalb eines Jahres nach ihrem Abschluss eine Anstellung. Diese jungen Leute sind privilegiert, und sie führen ein aktives, abwechslungsreiches soziales Leben, für das ihre Lehrer sie bewundern, wenn nicht gar beneiden. Doch auch sie demolieren, was nicht niet- und nagelfest ist, und zwar nicht allein aus jugendlicher Flegelhaftigkeit, sondern es scheint sich dabei um ein Bedürfnis nach systematischer Zerstörung zu handeln. Was ist das für ein Bedürfnis? Was wissen wir darüber?

An dieser Haltestelle wartet man auf die Züge auf einem Bahnsteig hoch über den Dächern der Häuser, auf gleicher Höhe mit den Baumwipfeln. Man fühlt sich in den Himmel hochgestreckt. Sonne, Wind und Regen treffen einen erfrischend unmittelbar.

Ich fahre gern mit der Underground, und das sage ich nicht ohne Trotz. Überall höre und lese ich, dass die Menschen sie hassen. Der Autor eines Buches, das ich gerade lese, schreibt, dass er nur selten mit ihr fährt, und wenn es doch einmal für ein paar Haltestellen sein muss, dann findet er es ekelhaft. Ein starkes Wort. Muss jemand um die Mittagszeit fahren, dann lässt sich eine solche Aussage verstehen, aber auch Leute, die nie zu den Hauptverkehrszeiten unterwegs sind, beklagen, wie schrecklich die U-Bahn ist. Ich fahre immer mit der Jubilee Line. Es dauert höchstens fünfzehn Minuten, und man ist im Zentrum. Die Wagen sind hell und neu – nun ja, fast. Es gibt sehr gute Anzeigetafeln: Nächster Zug nach Charing Cross in fünf Minuten, drei Minuten, einer Minute. Auf den Bahnsteigen liegt nicht mehr Abfall als auf den Straßen, häufig sogar weniger oder gar keiner. »Ja, aber das hätten Sie früher mal sehen sollen. Da sah es hier anders aus.«

Ich kenne eine alte Frau – »Lady« wäre sicher der bessere Ausdruck –, die behauptet: »Leute wie Sie …«, und damit meint sie Fremde, Ausländer, obwohl ich vierzig Jahre hier gelebt habe, »… haben keine Ahnung, wie London früher war. Für eine halbe Krone konnte man mit dem Taxi quer durch die ganze Stadt fahren.« (Zur Zeit Elizabeth' I. kostete ein Schaf ein paar Pence, und unter den Römern konnte man zweifellos mit einer Silbermünze eine Villa kaufen – Währungen verlieren nie ihren Wert, wenn Nostalgie am Werk ist.) »Und alles war ordentlich und sauber. Die Leute waren höflich, die Busse immer pünktlich, und die U-Bahn war billig.«

Diese Frau hat zur Londoner *jeunesse dorée* gehört, die Zwanzigerjahre waren die Zeit ihrer Jugend. Wenn sie davon erzählt, spiegeln sich in ihrer Miene zärtliche Erinnerungen, aber auch Einsamkeit; und sie erwartet erst gar nicht, mich oder irgendjemand anderes überzeugen zu können. Was hat es schon für eine Bedeutung, auf dieser paradiesischen Insel gelebt zu haben, wenn einem keiner glaubt? Wenn sie ihr Loblied auf die Vergangenheit singt, sieht man Scharen hübscher Mädchen mit pastellfarbenen Lippen und rot geschminkten Wangen vor sich, sie tragen Charlestonkleider mit geblümten Säumen und onduliertes Haar, sie schwirren von Party zu Party und fahren mit unterwürfigen Taxis, deren Chauffeure nur zu gern einen Penny Trinkgeld annehmen. Es ist höchst unwahrscheinlich, dass diese Frauen nördlich bis nach West Hampstead oder Kilburn gekommen sind. Ich glaube, damals war Hampstead noch nicht in Mode, obwohl in den Erzählungen von D. H. Lawrence dort Künstler und Schriftsteller lebten. Was an den Reminiszenzen an jene Zeiten auffällt, ist nicht nur, dass es verschiedene Londons gab für die Armen und die Mittelschicht, von den Reichen ganz zu schweigen, sondern vor allem, dass diejenigen, die mit ihren Erinnerungen hausieren gehen, sich dessen nicht bewusst zu sein scheinen. »Seinerzeit, als ich ein kleines Mädchen war, hab ich immer die Treppen gescheuert, auch wenn es schneite, barfuß, und meine Füße waren blau vor Kälte. Beim Bäcker habe ich immer das Brot vom Vortag geholt, weil es billiger war, und meine arme kleine Mutter hat an sechs Tagen die Woche sechzehn Stunden gearbeitet. Oh, das waren schlimme, grausame Zeiten.« – »Seinerzeit waren wir stolz darauf, in London zu leben. Jetzt ist es schrecklich, alles ist voll von schrecklichen Leuten.«

In meinem Teil des Waggons sitzen drei Weiße, der Rest ist braun oder schwarz. Oder, nach einer anderen Einteilung, fünf Frauen und sechs Männer. Vier junge Leute und sieben Personen, die entweder mittleren Alters oder wirklich alt sind. Zwei japanische Mädchen sitzen da und lächeln vor sich hin, so schillernd und selbstzufrieden wie junge Katzen. Ob diejenigen, die dem alten London nachweinen, den Japanern Beifall zollen, die nie, wirklich nie schmuddelig oder unachtsam erscheinen? Wahrscheinlich nicht. In jenem anderen London gab es keine Ausländer, nur, wie Shaw sagt, rosagraue Engländer, man war ganz *chez nous,* das Empire war noch nicht zusammengebrochen, die fremde Welt hatte noch nicht Einzug gehalten, und obwohl es in jeder Familie mindestens einen Verwandten gab, der in den Kolonien oder Protektoraten ein Amt ausübte oder Soldat war, so handelte es sich doch um Ausland, es war dort, nicht hier, die Kolonien hatten ihre Herren noch nicht heimgesucht.

Die japanischen Mädchen befinden sich in einer unsichtbaren Blase, sie blicken aus einer behüteten Welt heraus. Als ich in Japan war, lernte ich viele junge Japanerinnen kennen, denen daran gelegen war, »süß« zu sein. Sie kicherten und machten »oh« und »ah«, während sie hin und her hüpften und vor Vergnügen oder Entsetzen leise quietschten. War man dann mit einer von ihnen allein, erwies sie sich stets als starke junge Frau mit einer sehr realistischen Ansicht vom Leben. Nicht, dass ich mich oft ungestört mit einer unterhalten konnte, denn immer war irgendjemand zur Stelle, der sie gleich wieder in die Sicherheit der Gruppe zurückholte.

Ein junger Schwarzer sitzt verträumt da, in seinen Ohren stecken die Kopfhörer eines Walkmans, seine Füße wippen sanft zu einem unhörbaren Rhythmus. Er ist teurer gekleidet, mehr herausgeputzt, als sonst jemand in diesem Waggon. Neben ihm sitzt eine Inderin mit einem ungefähr zehnjährigen Mädchen. Die beiden tragen Saris, die ein Stückchen Taille so braun wie Sahnebonbons freilassen, darüber Strickjacken.

Saris wie Schmetterlinge und alltägliche Strickjacken, die lapidar feststellen: Wenn du also im Norden leben willst, so ist das die Strafe dafür. Niemals sind Kleidungsstücke eine traurigere Verbindung eingegangen als Saris und Strickjacken. Frau und Kind sprechen leise miteinander, auf eine Art, die das kleine Mädchen ebenfalls als Frau erscheinen lässt. Die beiden und der Schwarze steigen in der Finchley Road aus. Dafür steigen vier Amerikaner ein, zwei Jungen und zwei Mädchen in Turnschuh-Uniform, T-Shirts und Jeans. Sie reden laut miteinander und nehmen niemanden außer sich selbst wahr. Zwei haben es sich links und rechts, zwei gegenüber einer großen alten Frau, vermutlich einer Schottin, bequem gemacht, deren Füße in blank polierten Schuhen nebeneinander stehen, die zierliche knochige Hand auf dem Griff einer Einkaufstasche auf Rädern. Sie blickt vor sich hin, als existierten die lärmenden Jugendlichen nicht, vielleicht erinnert sie sich … an welches London? Den Krieg? (Den Zweiten Weltkrieg diesmal.) Mit Sicherheit nicht an ein armes London. Sie ist elegant gekleidet, mit Tweedkostüm und Seidenbluse, und auf ihren Fingern stecken wertvolle Ringe. Sie und die vier Amerikaner steigen in St. John's Wood aus, die Jugendlichen auf dem Weg zur amerikanischen Schule, und sie lebt dort wahrscheinlich. In St. John's Wood, das wissen wir von Galsworthy, versteckten reiche oder zumindest respektable Männer ihre Geliebten in diskreten, hübschen Villen. Diese Villen können sich heute nur noch Reiche leisten, oft sind es Araber.

Während die Leute in den Wagen kommen, fällt mir ein, dass ich erst kürzlich einen französischen Freund in einem Hotel in St. John's Wood besucht habe. Als ich an der Rezeption auf ihn wartete, kamen drei Araber in weißen Roben aus dem rückwärtigen Teil des Hotels und gingen zum Aufzug. In Schulterhöhe trugen sie ein Tablett mit Bergen von Reis, und obenauf lag ein ganzes gebratenes Schaf. Der Duft von Gewürzen und gebratenem Fleisch schwebte durch die Lobby. Auf meinen fragenden Blick hin sagte die Frau an der Rezeption: »Oh, das ist für Scheich Soundso, er feiert jeden Abend ein Fest«, und fuhr fort, mit einem Freund zu telefonieren: »Ach, das sagst du nur so. Ich weiß alles über Männer, du kannst mir nichts erzählen.« Soweit es sie betraf, war sie die Erste, die das je gesagt hatte. Sie spielte mit dem Haar über ihrem linken Ohr, und an ihrer schön geformten weißen Hand trug sie einen riesigen synthetischen Bernstein von der Größe eines Hühnereis. Auch ihr glänzendes Haar war bernsteinfarben, frisiert im Stil der Zwanzigerjahre. Vier weitere Araber wallten vorüber, ihre langen braunen Finger spielten mit Gebetsperlen; sie wirkten wie Nonnen, die mit dem Rosenkranz in der Hand die Welt zurückweisen: »Gegrüßet seist du, Maria …« Sie nickten und lächelten und sprachen über weltliche Dinge, aber ihre Finger hielten an der Rechtschaffenheit fest. Als erneut vier Scheichs durch die Drehtür kamen, entschwebten sie mit dem Aufzug – vermutlich waren sie unterwegs zu dem Fest.

Nicht weit, in der Abbey Road, befinden sich die Studios, in denen die Beatles etliche ihrer Platten aufgenommen haben. Am Fußgängerüberweg, den die vier weltberühmt machten, stehen stets Unmengen von Touristen aller Altersklassen und Rassen, und während ihre Finger auf den Auslöser der Kamera drücken, strahlen sie vor Glück. Überall auf der Welt, in Tausenden von Fotoalben stecken heiß geliebte Aufnahmen dieses schmuddeligen Orts.

Dieser Teil Londons ist nicht wirklich alt. Als in den Villen noch Geliebte und Kurtisanen lebten, war es ein ziemlich junger Vorort. Auf dem ganzen Weg aus Nordwesten ins Stadtzentrum durchquert man relativ junge Stadtviertel und kommt dann in das London, das seit vorrömischer Zeit zu immer neuen Höhen aufstieg, um anschließend wieder zu zerfallen. Vor Kurzem aß ich in dem Haus zu Mittag, das frü-

her einmal Gladstone gehört hat und das heute einen Presse-
klub beherbergt. Die meisten von uns können sich kaum vorstellen, dass dort tatsächlich einmal eine Familie gelebt hat,
da alles für öffentliche Begegnungen wie geschaffen zu sein
scheint, aber es ist auch niemandem möglich, auf der Carlton
House Terrace zu stehen und zu denken: Hier gab es vor nicht
allzu langer Zeit einen Wald, Bäche und grasende Tiere. Nein,
die Natur befindet sich eine grandiose Treppenflucht weiter
unten, jenseits der Mall im St. James's Park, wo sie wohlver-
sorgt wird. Die Gewichtigkeit von Gebäuden, Bürgersteigen
und Straßen verbietet Gedanken, wie sie einem in St. John's
Wood noch ganz automatisch kommen: Hier muss einmal ein
Wald gewesen sein, und wer oder was war eigentlich St. John?
Höchstwahrscheinlich eine Kirche. Es fällt leicht, in den vielen Bäumen die Reste jenes Waldes zu sehen: So unwahrscheinlich es ist, es ist nicht unmöglich.

Heute bin ich froh, dass ich hier nicht aussteige. Die Roll-
treppe ist häufig außer Betrieb. Erst vor einem Monat wurde den Fahrgästen in flotter weißer Kreideschrift auf einer
schwarzen Tafel mitgeteilt: »Sie fragen sich wahrscheinlich,
warum die Rolltreppen so häufig außer Betrieb sind? Wir
können es Ihnen sagen. Weil sie alt sind und oft kaputtgehen.
Tut uns leid. Wir wünschen Ihnen noch einen schönen Tag.«
Diese Nachricht, abgefasst mit dem typischen Londoner Humor, sardonisch und ein bisschen brutal, genügte, um mich
aufzuheitern und auf den langen Aufstieg vorzubereiten.

Drei Jugendliche stürmen herein. Halbstarke. Flegel. Hooli-
gans. Ungefähr sechzehn Jahre alt, mit anderen Worten unge-
stüme männliche Heranwachsende mit einem lauten, heiseren,
unglücklichen, schmetternden Lachen und einem wütenden
Geschlechtstrieb. Zwei Weiße und ein Schwarzer. Ihr Geschrei
und ihr Gepolter ziehen die Aufmerksamkeit aller auf sich –
darum geht es schließlich auch. Ein Weißer und der Schwarze

rempeln ständig den dritten an, der sich mit gespielter Resignation damit abfindet und lächelt wie ein weltkluger christlicher Märtyrer: wahrscheinlich die Pose eines Fernseh- oder Filmhelden. Es ist unmöglich zu verstehen, was sie sagen, sie reden ein Kauderwelsch, als würden sie unter Sprachfehlern leiden; wahrscheinlich ist es Absicht, denn wer will schon mit sechzehn von Erwachsenen verstanden werden? Ihre Aggressivität ist lediglich grober Unfug, auch wenn sie ständig in wirkliche Gewalttätigkeit umzuschlagen droht. In der Baker Street drängen die zwei Peiniger den dritten hinaus und versuchen, ihn daran zu hindern, wieder einzusteigen. Das ist nicht leicht zu bewerkstelligen, denn die Baker Street ist einer der Verkehrsknotenpunkte Großlondons, und so halten die Züge eine ganze Weile. Die drei werden der Rauferei überdrüssig, steigen wieder ein und bleiben in der Nähe der Tür, wo sie durch ihr bloßes Herumstehen andere am Einsteigen hindern. Entschuldigung, Entschuldigung, sagen die Fahrgäste, denen die drei stämmigen Jugendlichen gegenüberstehen, ohne Widerstand zu leisten oder gar handgreiflich zu werden, sie nehmen nur ungeheuer viel Platz ein, und das wissen sie auch, sie wissen, dass sie ein verdammtes Ärgernis darstellen, aber sie behalten ihre unschuldigen Mienen bei, denen Gemurmel und wütende Blicke nichts anhaben können. Als sich die Türen zu schließen beginnen, schubsen die zwei Aggressoren ihr Opfer hinaus, machen alle möglichen anzüglichen Gesten und rufen ihm stumme Beleidigungen zu. Der Kerl auf dem Bahnsteig schreit ihnen seinerseits Beleidigungen nach, deutet dann jedoch in die Fahrtrichtung des Zugs, vermutlich ein Hinweis auf das vorher abgesprochene Ziel. Er läuft halb schlendernd, halb tanzend auf dem Bahnsteig neben dem Zug her und schickt uns eine obszöne Geste nach. Die beiden scheinen ihn zu vermissen, sitzen gelangweilt herum, sammeln Energie für den nächsten Ausbruch, der sich in der Bond Street ereignet, wo sie in gefährlichen Kängurusprüngen hinaushüpfen und Obszönitäten grölen. An wen gerichtet? Ist das wichtig? Mittlerweile sind Leute im Abteil, die nicht die ganze Abfolge der Ereignisse miterlebt haben und wahrscheinlich denken: Gott sei Dank, dass ich nie wieder so jung sein muss! Oder etwa nicht? Ist es möglich, dass Leute, wenn sie seufzen, ach, wäre ich doch noch einmal jung, bedauern, was wir gerade gesehen haben, sich aber an ihre eigene Jugend als eine innere Landschaft grenzenloser Möglichkeiten erinnern?

In der Bond Street steigen eine Menge Leute aus, und der Zug steht lang genug, um in Ruhe das Gedicht lesen zu können, das die Wächter des Untergrunds zwischen zwei Reklametafeln gehängt haben.

Der Adler

Er fasst die Klippen mit krummer Hand,
nahe der Sonne, im einsamen Land,
die Welt, der er trotzt, ein azurner Rand.

Unter ihm krault das runzlige Meer,
er beobachtet es von der Felswand her
und stößt hinab wie Donner und Speer.

Alfred Lord Tennyson

Eine Schar dänischer Schulkinder steigt ein, vielleicht machen sie einen Tagesausflug. Sie wissen sich zu benehmen und werden von einem lächelnden Mädchen betreut, das kaum älter wirkt als sie selbst. Wohlgeordnet steigen sie in Green Park wieder aus, und erneut füllt sich der Wagen. Mit Touristen. Sind sie es, die die Leute meinen, wenn sie sich darüber beschweren, dass die Underground so chaotisch ist? Ist da letztlich wieder die Fremdenfeindlichkeit der Briten im Spiel? Beziehungsweise der älteren Generation von Briten? Ist es genau das, was ich an London so liebe – seine Mannigfaltigkeit, die Menschen aus allen Ecken der Welt, seine Wandelbarkeit, denn manchmal kann einem die Stadt das Gefühl vermitteln, man schaute Wolkenschatten nach, die über eine Ebene jagen –, ist es das, was sie so hassen?

Aber für Leute, die sich so bedroht fühlen, halten sich die Londoner eigentlich ganz tapfer. Vor nicht allzu langer Zeit konnte ich folgenden Vorfall beobachten. Er trug sich in einem großen Londoner Krankenhaus zu, in der geriatrischen Abteilung. (»Ich bin grad unterwegs zu den Geriatrischen«, mag man eine blutjunge Schwester zu einer anderen sagen hören, und ihr Finger zielt auf den Aufzugknopf.) Einer alten, schlohweißen Frau, die nach einem Sturz eingeliefert worden war, wurde eine Bettpfanne angeboten. Die Frau war alt, ja uralt, und wäre deshalb von Rechts wegen eine Bewohnerin des versunkenen Garten Edens gewesen, in dem sich ausschließlich rosagraue Menschen aufhalten, aber sie entstammte der Arbeiterklasse und war eine alte Jungfer. (Ab und zu begegnet man noch Frauen, wie sie in angestaubten Dokumenten beschrieben werden, Ehestand: Jungfer.) Schlimm genug, dass einer solchen Frau an einem öffentlichen Ort eine Bettpfanne angeboten wurde, noch bevor die Vorhänge um ihr Bett zugezogen waren. Aber dass sich auch noch ein Mann, eine männliche Schwester, um sie kümmern musste, war etwas, was sie nie für möglich gehalten hätte. Am schlimmsten jedoch war, dass er schwarz war, ein junger, gelassener schwarzer Mann in Schwesternkleidung. (»Nein, ich bin kein Arzt, ich bin Schwester – ja, ganz richtig, eine Schwester.«) Er schlug die Bettdecke zurück, half der alten Frau auf die Bettpfanne, schob ihr freundlich das Nachthemd über die alten Oberschenkel und zog die Vorhänge zu. »Bin gleich wieder da, meine Beste.« Und ließ sie allein. Hinter dem Vorhang vollzog sich ein Drama, das sich Leute, die ein polyglottes, weltläufiges London gewöhnt sind, gleichgültig, ob sie sich damit nun wohlfühlen oder nicht, kaum vorstellen können. Als der junge Mann zurückkehrte, den Vorhang aufzog, fragte, ob alles in Ordnung sei und ob er ihr vielleicht ein wenig beim Säubern helfen solle, und dann die Bettpfanne entfernte, schimmerte in ihren Augen würdevolle Selbstbehauptung. Sie hatte sich in das Unmögliche gefunden. »Schon gut, mein Lieber, alles in Ordnung. Das kann ich immer noch allein.«

In einer Schule im Süden Londons, an der ein Freund von mir Direktor ist, werden fünfundzwanzig Sprachen gesprochen.

Im Augenblick fahren wir unter dem alten London durch, wiewohl es nicht der älteste Teil ist, der liegt ein paar Meilen weiter östlich. Jenseits dicker Erdschichten, die von Röhren, Kabeln, Leitungsdrähten und Abwasserkanälen, dem Schutt ehemaliger Gebäude und Städte durchzogen werden wie Gartenerde von Würmern und Wurzeln, liegen St. James's Park, Downing Street, Whitehall. Wenn man immer nur durch diese unterirdischen Galerien führe und nie ans Tageslicht käme, könnte man leicht glauben, das Leben, die Welt habe nichts mehr zu bieten. Es gibt eine Sciencefictiongeschichte über einen Planeten, für den Sonnen und Monde nur alle paar Jahre aufgehen, und die Bewohner warten auf das Wunder, die Offenbarung ihrer Welt im Universum. Natürlich haben sich die Priester längst dieses Wunders bemächtigt, und sie behaupten, der Glanz der Sterne bezeuge ihr Recht zu regieren. Und auch bei uns gibt es bereits Städte, wo das Leben unter der Erde dasjenige darüber widerspiegelt, zum Beispiel Houston in Texas. Man geht durch eine unauffällige Tür, wie in einem Traum, und befindet sich in einer riesigen unterirdischen Stadt mit Geschäften, Restaurants und Büros. Eigentlich bräuchte man nie wieder zurück an die Oberfläche. Es gibt Menschen, die Kellerwohnungen bevorzugen, ständig die Vorhänge geschlossen halten und das Licht einschalten, sich selbst einen Untergrund schaffen, denen das Leben auf der Erdoberfläche so gefährlich erscheint wie jemandem, der lange im Krankenhaus oder im Gefängnis gewesen ist. Sie weisen sich selbst in eine Anstalt ein, erschaffen sich einen Ort, an dem sie alles unter Kontrolle haben, einen ruhigen, kritischen Blicken entzogenen Ort ohne die Launen des Wetters und den Wechsel von Tag und Nacht. Bis die Maschinerie versagt: eine undichte Gasleitung, ein defektes Telefon.

In den Fünfzigern kannte ich einen Mann, der seine Tage damit verbrachte, wieder und wieder um den inneren Ring der Stadt zu fahren. Für ihn war das wie eine Arbeit, eine Disziplin. Von neun bis sechs. Er behauptete, *sie* würden ihn dort nicht aufspüren können. Dann erlitt er einen Nervenzusammenbruch. Brachen die Leute damals aus fantasievolleren Gründen zusammen als heute? Manchmal scheint mir, dass dem Wahnsinn heutzutage das Flair fehlt. Allerdings: Vor ein paar Tagen näherte sich uns im Heath Park ein Sachse, das heißt ein junger Mann, der aussehen wollte wie möglicherweise einstmals die Sachsen. Er trug ein braunes Wollhemd, darüber ein Wams aus dickem, braunem Papier mit einem Gürtel. Gummibänder machten aus normalen Hosen oberhalb der Waden Kniebundhosen. Ein um den Kopf geschlungener brauner Schal bildete eine Mönchskapuze. In der Hand hielt er einen Plastikspeer. »Sprecht an, freundlicher Herr«, sagte mein Begleiter. »Wohin des Wegs?« Der junge Sachse blieb stehen, lächelte uns hocherfreut an, während seine Begleiterin, eine besorgte junge Frau, den Blick geradeaus gerichtet hielt. »Hinaus. In die Ferne.«

»Wie heißt du? Beowulf? Olaf der Rote? Erich der Kühne?«

»Erich der Schwarze.«

»Es ist aber nicht dein *richtiger* Name«, sagte seine Aufseherin in dem Streben, ihn auf den Boden der Tatsachen zurückzuholen.

»Doch, das ist er«, hörten wir noch, während wir weiter durch den unvergesslichen Herbst 1990 wanderten. »Ich heiße doch Erich, oder? Also *bin* ich Erich.«

Charing Cross. Alles steigt aus. An den Drehkreuzen nach draußen kommt ein Mädchen von unten hinter uns hergelaufen und piept wie ein Wecker. Sie zieht unser aller Aufmerksamkeit auf sich, und tatsächlich ist jetzt ein beständiger Piepton zu hören. Alles glaubt an einen Feueralarm. Heutzutage gibt es so viel elektronisches Gepiepe, Geziepe, Gepfeife, Getriller und Gesumme, dass wir es meist schon gar nicht mehr hören. Das Mädchen ist ein übermütiges Geschöpf, blonde Locken fliegen um ein gerötetes Gesicht. Sie lacht wie verrückt und führt eine Schar junger Dinger an, die zu abendlichen Abenteuern ins West End einfallen; alle scheinen bereits außer sich vor Vergnügen, bewegen sich in einer anderen Dimension von Geschwindigkeit und Unbeschwertheit, wie Funken, die erstrahlen und wieder verglühen. Das Mädchen und zwei ihrer Freundinnen fliehen den Tunnel entlang der Oberwelt zu, aber drei andere überholen sie mit Triumphgeschrei, und ihre Jugend stellt eine solche Herausforderung an uns dar, dass der Kontrolleur beschließt, sie zu ignorieren, denn einzuschreiten wäre so frevelhaft, wie Schmetterlinge zu erschlagen.

Ich will zum Trafalgar Square hinauf und nehme einen Gang, in dem sich ständig etliche Jugendliche zusammendrängen und über Dinge beugen, die auf Schachteln und Tüchern ausgebreitet daliegen. Ringe, Ohrringe, Armbänder, Broschen, aller mögliche Tand aus Messing und Glas, weißem Metall und billigem Silber, wertlose Sachen voller Versprechen und Verheißungen.

Schließlich stehe ich auf dem Trafalgar Square. Vor mir, jenseits des großen grauen Platzes mit dem niedrigen Brunnen, befindet sich die National Gallery und, nicht weit davon entfernt, die National Portrait Gallery. Der Himmel ist von einem funkelnden Hellblau, zerbrechliche Wolken werden von Winden gejagt, die weit über unserer Lebenswelt blasen, denn hier unten ist es windstill. Genüsslich werde ich mir die Zeit in dem einen oder anderen Museum oder in beiden vertreiben, erst im letzten Moment muss ich mich entscheiden, ob ich nach links zur National Gallery oder die fünfzig Schritte weiter gehen will, um in die Gesichter unserer Geschichte zu blicken. Als ich später wieder ins Freie trete, hat der Himmel eine intensive, spätnachmittägliche Färbung angenommen, es ist Zeit, ins Café zu gehen, Freunde zu treffen und dann … in etwa einer Stunde wird sich der Vorhang in einem Theater oder in der Oper heben. Noch immer, nach so vielen Jahrzehnten, gibt es für mich keinen Augenblick, der dem vergleichbar wäre, in dem sich ein Vorhang hebt und die Lichter erlöschen … Oder ich fahre nach einem kleinen Bummel einfach nach Hause zurück, wobei ich mich stets bemühe, nicht in den Berufsverkehr zu geraten. Vor Kurzem stand ich während der Rush Hour in der U-Bahn und hielt mich an einer Halteschlaufe fest. Um mich herum lasen drei von vierzehn Menschen ein Buch, der Rest las Zeitung. Auf dem Weg zur Arbeit werden die Menschen ihren eigentlichen Bindungen untreu: die *Times,* der *Independent,* der *Telegraph,* die *Mail.* Die miesen Blätter, deren sich manche von uns schämen, sind kaum zu sehen, aber schließlich ist die Jubilee auch eine erstklassige Linie, zumindest strecken- und zeitweise. Abends kommt noch der *Evening Standard* dazu. Drei Leute hielten ihn in der Hand. Der Mann rechts von mir las die *Ilias,* eine Frau mir gegenüber *Moby Dick,* und als ich mich zur Tür durchzwängte, fiel mein Blick auf eine junge Frau, die über dem Kopf eines Babys, das

sie sich vor den Bauch gebunden hatte, die *Sturmhöhe* las.
Wenn die Leute einmal mehr voller Bedauern über unsere
Ungebildetheit klagen, erzähle ich von den dreien, und man
freut sich, bleibt jedoch skeptisch.

Das Gedicht, das sich diesmal gegen die Reklame behauptete, lautete:

Kindchen Freude

»Ich hab keinen Namen:
Ich bin erst zwei Tage alt.«
Wie ruf ich dich bloß?
»Ich bin froh,
nenn mich so.«
Freude sei dein Los!

Hübsche Freude!
Freude, zwei Tage alt,
Freude ruf ich dich bloß.
Lächle du,
ich sing dazu,
Freude sei dein Los!

William Blake

Auf dem Weg von der Underground nach Hause komme ich
an drei Kirchen vorbei. Zwei von ihnen dienen nicht länger
als Leiter für himmlische Ströme: Die eine ist ein Theater, die
andere zerfällt. Auf so engem Raum drei Kirchen … Jener
Besucher aus einer anderen Welt, der so nützlich ist, wenn es
darum geht, unsere Vergleichsmöglichkeiten zu beleben, mag
sich noch vor siebzig Jahren gefragt haben: »Wozu dienen
sie, diese Gebäude, die einander so ähnlich und allen ande-

ren so unähnlich sind, immer einige in jedem Stadtteil? Sind es Verwaltungsgebäude? Gehören sie zu einem Netz von Regierungsbüros? Noch dazu sind es Neubauten!« Heutzutage dagegen würde diesem Besucher, ihm oder ihr, auffallen, dass sie oft gar nicht mehr genutzt werden. »Ein Regierungswechsel vielleicht?« Bestimmte Gebäudetypen sieht man jedoch durchgängig von einem Ende der Stadt bis zum anderen. »Bei meinem letzten Besuch habe ich sogenannte ›Pubs‹ gesehen, in denen Rauschmittel verteilt werden, und Einstiegszentren für schnelle Bewegungsmittel, die auf Schienen fahren. In anderen Hallen werden Maschinen gewartet, die aussehen wie Wanzen oder Käfer aus Metall – auch etwas Neues, was es bei meinen früheren Besuchen noch nicht gab. Und noch etwas: Alle paar Meter steht ein Haus, in dem Medikamente, chemische Substanzen, verkauft werden.« Ein seltsames Geschäft, könnte er oder sie sinnieren und einen Bericht formulieren, der dann zum Kanopus gefaxt würde. »Wenn ich sie nach der Häufigkeit ihres Auftretens ordne, stehen die Apotheken an erster Stelle. Auf diesem Planeten lebt eine Art, die zusätzlich zur Nahrung chemische Substanzen zu sich nimmt.« Im Umkreis von einer Meile von meinem Haus befinden sich mindestens fünfzehn Apotheken, und darüber hinaus gibt es in jedem Lebensmittelladen Regale mit frei verkäuflichen Medikamenten.

Wenn ich an der Ecke, an der die alte Mühle stand, abbiege, lasse ich den Gestank und den Lärm des Verkehrs, der nach Norden drängt, hinter mir, und einmal mehr fällt mir auf, wie unangenehm während der letzten paar Minuten die Luft zu atmen war. Ich gehe durch die Mill Lane, in der ständig neue Läden eröffnet werden, Bankrott machen und von neuen Besitzern wieder eröffnet werden, besonders in jüngster Zeit, wo sich die Preise für Mieten und Pachten verdrei- und vervierfachen. Bald erreiche ich die kleinen Sträßchen einer Wohngegend, und der Verkehr ist nur noch ein zwar beständiges, aber leises Hintergrundbrummen. Die Straßennamen hier zeugen von einer Neigung zur Klassik: Agamemnon, Achilles, Ulysses und Orestes Mews. Fügt man dann noch Gondar hinzu, mag man an einen klassisch gebildeten Feldherrn denken, dem es oblag, die Straßen zu benennen. Und in der Tat liegt man dabei gar nicht so falsch. Die Geschichte geht folgendermaßen (wahr oder erfunden? – egal, jedes Ereignis aus der jüngeren oder älteren Vergangenheit muss geglättet, abgerundet, folgerichtig gemacht werden): Ein ehemaliger Offizier aus dem niederen Adel hatte eine Frau mit vielen Kindern auf dem Land und eine Geliebte mit noch mehr Kindern in der Stadt. Um ihnen allen eine standesgemäße Erziehung angedeihen zu lassen, erwarb er Grundbesitz, einträgliches Ackerland, das sich über einen Hügel mit Blick auf London erstreckte, und erbaute dort, was einer der ersten nördlichen Pendlervororte gewesen sein muss. Denn man darf nicht vergessen: Im Tal am Fuß des Hügels in Richtung London gab es die Bäche, Kühe und grünen Wiesen, denen meine Freundin sonntags mit dem Bus für einen Penny ihren Besuch abstattete. Die Pendler fuhren mit Pferdedroschken oder dem Zug in die Stadt.

Einige der Gebäude sind große Mietshäuser mit von Anfang an mehreren Wohnungen, doch die meisten waren ursprünglich normale Häuser, die man erst in jüngerer Zeit in jeweils drei Wohnungen unterteilt hat. Schwer vorstellbar, wie diese Häuser früher genutzt wurden. Die Keller sind alle feucht. In meinem lösen sich innerhalb von drei Monaten die Etiketten von den Flaschen. Früher war mein Keller ein Waschraum. Von wem wurde er benutzt? Hat etwa jemand in dieser Erdhöhle gewohnt? Vielleicht war er damals noch nicht so feucht. Jetzt befindet sich ein rundes Loch, ein kleiner Schacht, in der Erde, denn vor langer Zeit schon hat die

Feuchtigkeit den Zementboden gesprengt, und durch dieses Loch kann man beobachten, wie sich der Wasserspiegel hebt und senkt. Allerdings nicht gemäß der Niederschlagsmengen. Wer in dieser Gegend wohnt, weiß, dass der Grundwasserspiegel von den lecken Leitungen des Wasserreservoirs abhängt, das von den Fenstern ganz oben im Haus wie eine riesige, von hohen Bäumen gesäumte Wiese oder Grünfläche aussieht. Die Viktorianer legten ihre Reservoirs unter der Erde an. (Man sagt, dass der Mann, der das wertvolle Nass bewacht, einen – falls man ihn kennt – vielleicht durch eine kleine Tür führt und unter einer niederen Decke, an der Lichter glimmen, einen Blick auf die große Fläche stillen, schwarzen Wassers werfen lässt. Diesem filmreifen Bild mag man das leise Plumpsgeräusch einer Ratte hinzufügen, die vor dem plötzlichen Licht die Flucht ergreift, und eine einzige, sich langsam ausbreitende Welle.) Der Speicher oben über meiner Wohnung ist ausgebaut. Das muss lange nach der Errichtung des Hauses geschehen sein. Im zweiten Stock befinden sich drei Schlafzimmer, eines ist so klein, dass man nur allein darin schlafen kann. Die zwei Räume im ersten Stock, früher vermutlich ein Ess- und ein Wohnzimmer, sind jetzt ein Raum. Die Küche ist schön, aber unpraktisch neben einer Terrasse, einem »Patio«, gelegen, den es noch nicht allzu lange gibt. Ursprünglich war es keine Küche. Im Erdgeschoss gibt es nur ein Zimmer, vordem waren es zwei, in jüngerer Zeit eingebaute »Örtchen«, und einen Wintergarten, vormals vermutlich ein Kinderzimmer. Früher hatte man viele Kinder, oft lebten Verwandte zusammen, und jeder Haushalt der Mittelschicht hatte zumindest eine Bedienstete, gewöhnlich aber mehr. Wo waren sie nur alle untergebracht? Wo kochte man, wo war die Speisekammer, wo wurde die Wäsche gewaschen? Wie wurde geheizt? In jedem Zimmer befindet sich ein kleiner offener Kamin mit einer winzigen Feuerstelle.

Vor hundert Jahren wurden dieses Viertel und seine Häuser erbaut, die Wände sind solide und dick, und die Handwerker, die kommen, um das Dach oder irgendeine Leitung zu reparieren, sagen immer wieder, wie gut sie gebaut sind, was für erstklassiges Material man damals benutzt hat. »So was gibts heute nicht mehr.« Auch von den nassen Kellern lassen sich diese Fachleute nicht beirren. »Wenn der Lehm um die Fundamente nass bleibt, dann schrumpfen sie nicht mal in Sommern, wie wir sie zurzeit haben, und alles ist bestens.«

Als ich in die Straße einbiege, in der ich lebe, arrangiert das Licht die Wolken zu einer getönten Masse. Die Sonnenuntergänge hier sind, zurückhaltend ausgedrückt, überaus zufriedenstellend.

Das Eckhaus ist mit Efeu überwachsen, in dem Stare nisten, sie schwirren heraus, tauchen wieder ein und verstummen bis zum nächsten Morgen.

Warten im Hyde Park

Samuel Beckett

Ihr Ziel war klar: der Round Pond. Die Versuchung, West Brompton wieder aufzusuchen, ihr altes Revier bei Tageslicht abzuklappern, wieder an der Kreuzung der Cremorne Road und Stadium Street zu stehen und die Schuten mit Altpapier auf dem Fluss und die sich vor den Brücken verneigenden Schornsteine zu sehen, war groß, aber sie schob sie beiseite. Dafür wäre immer noch Zeit. Eine steife Brise kam von Westen, sie würde zum Round Pond gehen und zuschauen, wenn Mr Kelly seinen Drachen steigen ließ.

Sie nahm die Piccadilly-Untergrundbahn von Caledonian Road bis Hyde Park Corner und spazierte am Rasen nördlich der Serpentine entlang. Jedes fallende Blatt hatte eine Anwandlung neuen Lebens, einen plötzlichen Freiheitsrausch beim Kontakt mit der Erde, bevor es sich zu den anderen legte. Sie hatte eigentlich vor, das Wasser an der Rennie's Bridge zu überqueren und die Kensington Gardens durch eine der Pforten an ihrem Ostrand zu betreten, aber beim Gedanken an die Dahlien am Victoria Gate besann sie sich anders und bog nach rechts, in nördlicher Richtung, ab, um die Unfallstation der Royal Humane Society herum.

Sie verweilte lange bei den Dahlien und betrat die Gardens dann bei den Springbrunnen. Sie schlug den Pfad ein, der direkt zum Round Pond führte, ging im Sinne des Uhrzeigers um ihn herum und setzte sich an der Westseite auf eine Bank, mit dem Rücken zum Palast und zum Wind, dicht, aber nicht zu dicht bei den Drachensportfreunden. Sie wollte Mr Kelly sehen, jedoch nicht von ihm gesehen werden. Noch nicht.

Die Drachensportfreunde waren ein paar alte Männer, von denen sie die meisten aus den Tagen kannte, an denen sie regelmäßig jeden Samstagnachmittag mit Mr Kelly hierher gekommen war, und ein Kind. Mr Kelly hatte Verspätung.

Es fing an zu regnen, sie stellte sich unter das Regendach. Ein junger, zur Liebe aufgelegter Mann folgte ihr mit schönen Worten. Sie konnte es ihm nicht verübeln, es war ein natürliches Versehen, er tat ihr leid, sie riss ihn sanft aus seinem Irrtum.

Das Wasser spritzte über den Rand des Weihers, die niedrigen Drachen trudelten und sackten ab. Je niedriger sie waren, umso unbändiger drehten sie sich. Einer stürzte in den Weiher, ein anderer landete nach langen Zuckungen hinter der Gipsfigur der Physikalischen Energie von G. F. Watts. Nur zwei flogen unbeirrt, ein Tandem, sie waren vorn nebeneinander gekoppelt wie der Schlepper und die Schute seligen Angedenkens und wurden von dem Kind mittels einer doppelten Winde geführt. Sie konnte sie gerade erkennen, Seite an Seite hoch über den Bäumen, zwei Pünktchen am bereits dunkelnden Osthimmel. Während sie sie betrachtete, zerriss das Gewölk hinter ihnen, und sie standen einen Augenblick regungslos und schwarz in einer Lichtung des hellen, sich grünlich verfärbenden Himmels.

Ihre Ungeduld, Mr Kelly kommen und sein Gesicht beweisen zu sehen, nahm in dem Maße ständig zu, wie die Aussichten darauf geringer wurden. Sie saß noch da, als es fast dunkel war und alle Drachensportfreunde mit Ausnahme des Kindes gegangen waren. Aber es begann schließlich auch, die Drachen einzuholen, und Celia wartete darauf, dass sie erschienen. Als sie schließlich von heftigen Zuckungen geschüttelt auftauchten, konnte sie kaum fassen, dass es dasselbe Paar war, das am Ende der abgewundenen Schnur so ruhig am Himmel dahingesegelt war. Es war ein geschicktes Kind, es manövrierte sie mit einer Kunst, die eines Mr Kelly würdig war. Endlich kamen sie ganz ruhig an, sie hingen niedrig im Dunkel, beinahe direkt über ihnen, dann setzten sie sanft auf. Das Kind kniete im Regen nieder, nahm sie auseinander, wickelte die Schwänze und Stäbchen in die Segelflächen und ging singend von dannen. Als es am Regendach vorbeikam, rief Celia ihm Guten Abend zu. Es hörte sie nicht, es sang.

Bald würden die Tore geschlossen werden, überall im Garten riefen die Wärter ihren Ruf: All out. Celia ging langsam den Broad Walk entlang und fragte sich, was mit Mr Kelly geschehen sein könnte, den im Allgemeinen kein Wetter außer Windstille beeindrucken konnte. Nicht dass er darauf angewiesen wäre, von ihr geschoben zu werden, er bestand immer darauf, seinen Rollstuhl selbst fortzubewegen. Es machte ihm großen Spaß, die Hebel zu bedienen, er sagte, es sei genauso, als ob man eine Bierpumpe betätigte. Mit Mr Kelly schien irgendetwas nicht zu stimmen.

Sie fuhr mit der Distrikt-Bahn von Notting Hill Gate bis King's Cross. Sie schleppte sich die Caledonian Road hinauf und fühlte, wie schlecht ihr der Ausflug bekommen war. Sie war müde und durchnässt, Mr Kelly war ausgeblieben und das Kind hatte ihr Guten Abend nicht beachtet. Nichts erwartete sie bei ihrer Rückkehr, und doch war sie froh, als sie ankam.

Der Mann in der Menge
Edgar Allan Poe

»*Ce grand malheur, de ne pouvoir être seul.*«
La Bruyère

Es war nicht schlecht, dies »*Es lässt sich nicht lesen*«, was man von einem gewissen deutschen Buche sagte. Es gibt Geheimnisse, die nicht gestatten, dass man sie ausspricht. Menschen sterben nachts in Betten, pressen die Hände gespenstischer Beichtväter, blicken ihnen Erbarmen suchend ins Auge – sterben mit verzweifelndem Herzen und gekrampfter Kehle, denn die entsetzlichen Geheimnisse, die nicht dulden, dass man sie enthüllt, erdrücken sie. Ach, hie und da nimmt das Gewissen der Menschen eine Last auf, die so entsetzlich ist in ihrer Schwere, dass sie nicht früher abgeworfen werden kann als im Grabe. Und so wird das innerste Wesen des Verbrechens nicht offenbart.

Vor nicht allzu langer Zeit saß ich in der Abenddämmerung an einem großen Bogenfenster des D...schen Kaffeehauses in London. Ich war einige Monate krank gewesen, nun aber auf dem Wege der Besserung, und je mehr meine Kräfte zurückkehrten, desto glücklicher wurde meine Stimmung, die man als das Gegenteil von Langeweile bezeichnen muss; es war ein Zustand voll inneren Aufmerkens, voll heftiger Begier nach Neuem, es war mir gewissermaßen, als blicke mein geistiges Auge zum ersten Mal frei und unverschleiert, und der angespannte Intellekt überragt dann so sehr seinen gewöhnlichen Zustand, wie der feurige und doch aufrichtige Verstand eines Leibniz die tolle und haltlose Beredsamkeit eines Gorgias. Nur zu atmen war schon Freude, und selbst aus den Quellen des Schmerzes wusste ich Genuss zu schöpfen. Ich nahm an allem ein stilles, doch eindringliches Interesse. Eine Zigarre im Mund und eine Zeitung auf den Knien, hatte ich mich den Nachmittag über damit unterhalten, in die Zeitung zu blicken oder die anderen Gäste zu beobachten oder durch die rauchgetrübten Scheiben auf die Straße zu schauen.

Diese Straße, eine der Hauptverkehrsadern der Stadt, war schon den ganzen Tag über sehr belebt gewesen; aber mit zunehmender Dämmerung wuchs die Menge der Passanten noch von Minute zu Minute, und als die Laternen angezündet wurden, wogte unaufhörlich nach beiden Richtungen ein dichter Menschenstrom vorüber. Noch nie vorher hatte ich mich zu dieser Tageszeit in einer ähnlichen Lage befunden, und das stürmende Menschenheer da draußen gab mir seltsam neue, berauschende Gefühle. Bald kümmerte ich mich gar nicht mehr um das, was drinnen vorging, sondern vertiefte mich ganz in die Betrachtung des Straßengewoges.

Meine Beobachtungen waren zunächst ganz allgemeiner Art. Ich sah die Passanten nur als Gruppen und stellte mir ihre Beziehungen zueinander vor. Bald jedoch ging ich zu Einzelheiten über und prüfte mit eingehendem Interesse die zahllosen Verschiedenheiten in Gestalt, Kleidung, Haltung und Mienenspiel.

Die meisten der Vorübergehenden hatten ein zufriedenes Aussehen, wie Geschäftsleute, und schienen nur daran zu denken, sich einen Weg durchs Gedränge zu bahnen. Ihre Brauen waren gerunzelt, und ihre Augen blickten lebhaft umher. Wurden sie von anderen gestoßen, so zeigten sie keine Ungeduld, sondern brachten ihren Anzug wieder in Ordnung und eilten weiter. Andere – und auch sie waren sehr zahlreich – hatten hastige Bewegungen und gerötete Gesichter; sie gestikulierten und sprachen mit sich selbst, als fühlten sie sich inmitten des Getriebes in größter Einsamkeit. Wurden sie am Weitergehen gehindert, so hielten sie plötzlich mit Murmeln inne, verdoppelten aber ihre Gestikulationen und ließen mit abwesendem und müdem Lächeln die Nachdrängenden vorüber. Wenn einer gegen sie anrannte, so verneigten sie sich viele Male und schienen von Verlegenheit überwältigt. Außer dem Ebenerwähnten hatten diese beiden großen Gruppen nichts Bemerkenswertes. Ihre Kleidung entsprach der, die man nicht ohne Ironie die »anständige« genannt hat. Es waren unzweifelhaft Adelige, Kaufleute, Anwälte, Börsenleute – Patrizier und Allerweltsleute –, müßige und tätige Menschen, die ihre eigenen Wege gingen und selbstständig Geschäfte machten. Sie nahmen meine Aufmerksamkeit nicht weiter in Anspruch.

Die Klasse der Angestellten war leicht zu überblicken, und ich konnte sie in zwei Gruppen einteilen. Da waren die jüngeren Leute von schnell emporgeblühten, aber unsicheren Geschäftshäusern, junge Männer mit eng anliegenden Röcken, glänzenden Schuhen, pomadisiertem Haar und hochnäsigem Ausdruck. Abgesehen von einer gewissen Diensteifrigkeit, die sie nicht verleugnen konnten und die man füglich die »Schreiberseele« nennen könnte, erschienen mir diese Leute als die vollkommene Nachahmung dessen, was vor zwölf bis achtzehn Monaten *bon ton* gewesen war. Sie hatten die abgelegten Manieren der ersten Gesellschaftskreise, und das, glaube ich, ist am bezeichnendsten für diese Gruppe.

Die Gruppe der höheren Angestellten solider Firmen

war ebenso wenig zu verkennen. Man erkannte sie an ihren schwarzen oder braunen Röcken und Beinkleidern, die stets bequem saßen, an ihren weißen Westen und Krawatten, den breiten derben Schuhen und groben Strümpfen oder Gamaschen. Sie hatten alle schon einen Ansatz von Glatze, und ihr rechtes Ohr, das schon so viele Jahre die Feder getragen, hatte die komische Gewohnheit, weit abzustehen. Ich bemerkte, dass sie stets mit beiden Händen an ihren Hüten rückten und Uhren trugen, die an kurzen goldenen Ketten von plumper altmodischer Form hingen. Sie hatten ein etwas gekünstelt ehrbares Auftreten, wenn Ehrbarkeit überhaupt gekünstelt sein kann.

Ferner gab es viele entschlossen und kühn aussehende Gestalten, die ich mühelos als zur Zunft der Taschendiebe gehörig erkannte, von der alle Großstädte heimgesucht werden. Ich beobachtete diese Herren sehr genau und konnte mir kaum vorstellen, wie sie von wirklich vornehmen Leuten jemals für ihresgleichen gehalten werden könnten. Die Weite ihrer Manschetten und ein gewisser übertriebener Freimut musste sie sogleich verraten.

Die Spieler, von denen ich nicht wenige entdeckte, waren noch leichter herauszufinden. Sie trugen die verschiedenste Kleidung, von der des tollkühnen Taschenspielers mit Samtweste, fantastischem Halstuch, goldenen Ketten und Filigranknöpfen bis zu der des sorgfältig gekleideten Geistlichen, denn gerade dies Gewand erregt am wenigsten Verdacht. Sie alle zeichneten sich durch eine gewisse dunkle Gesichtsfarbe, ein mattes Auge und bleiche zusammengekniffene Lippen aus. Und noch zwei andere Merkmale waren es, an denen ich sie erkennen konnte; sie sprachen stets in gesucht leisem Ton und hielten den Daumen rechtwinklig zur Hand weit abgestreckt. Oft sah ich in Gesellschaft dieser Gauner eine Klasse von Leuten mit etwas anderem Gebaren, die aber dennoch Vögel derselben Gattung waren. Man könnte sie die Herren nennen, die von ihren Witzen leben. Sie scheinen in zwei Bataillonen auf Beute auszuziehen: als Stutzer und als Militärs. Die Hauptkennzeichen der ersten Art sind langes Haar und Lächeln, die der zweiten schnürenbesetzte Röcke und Stirnrunzeln.

Weiter herabsteigend auf der Stufenleiter der menschlichen Gesellschaft, fand ich dunklere und schwierigere Aufgaben zum Analysieren. Ich sah jüdische Hausierer mit Falkenaugen, die aus Gesichtern blitzten, in denen alles andere nur das Gepräge kriechender Demut trug; freche gewerbsmäßige Bettler, die mit schalen Blicken jene Genossen besseren Schlages musterten, die nur Verzweiflung, Mitleid heischend, in die Nacht getrieben: gebrechliche, gespenstisch dürre Gestalten, auf die der Tod schon seine schwere Hand gelegt, die kraftlos daherschwankten und jedermann flehend ins Antlitz blickten, als suchten sie einen Trost, eine verlorene Hoffnung; bescheidene junge Mädchen, die von langer Arbeit in ihr freudloses Heim zurückkehrten und eher mit tränenvollem Blick als mit Entrüstung den frechen Augen der Wüstlinge auswichen, mit denen im Gedränge selbst eine Berührung nicht zu vermeiden war; Dirnen aller Art und jeden Alters: die unvergleichliche Schönheit in der Blüte ihrer Weiblichkeit, die an die Statue erinnert, von der Lukian berichtet, dass sie außen aus köstlichem parischen Marmor, innen aber mit Kot gefüllt war – das ekelhafte, ganz verkommene Weib in Lumpen – die runzlige, juwelengeschmückte, mit Schminke überkleisterte alte Vettel, die eine letzte Anstrengung macht, jugendlich zu erscheinen – das unentwickelte zarte Kind, das aber, durch lange Gewöhnung in allen Künsten der Koketterie erfahren, vor Ehrgeiz brennt, den älteren Schwestern im Laster gleichzukommen; Trunkenbolde, zahllos und nicht zu beschreiben; manche in Flicken und Lumpen, mit verglasten Augen und blödem Schwatzen dahertaumelnd – manche in ganzen,

wenngleich schmierigen Kleidern, mit unsicher schwanken-
dem Schritt, dicken sinnlichen Lippen und dreist blickenden,
rot gedunsenen Gesichtern – andere, deren Anzügen man
ansah, dass sie aus gutem Stoff und selbst jetzt noch gebürs-
tet waren, Leute, deren Schritt übertrieben fest und elastisch,
deren Antlitz jedoch erschreckend bleich war, deren rote Augen abstoßend wild blickten, und die, wie sie da durch die
Menge schoben, mit zitternden Fingern nach allem tasteten,
was in ihren Bereich kam.

Je mehr die Nacht hereinbrach, desto mehr steigerte sich
auch mein Interesse an der Szene, denn nicht nur änderte sich
der allgemeine Charakter der Dinge (die milden Züge verschwanden im gleichen Maße, in dem sich der bessere Teil
der Leute zurückzog, und die rohen Elemente drängten sich
kühner hervor, je mehr die späte Stunde alle Gemeinheit aus
ihren Höhlen lockte), sondern es hatten jetzt auch die Strahlen der Gaslaternen, die zuerst im Kampf mit dem sterbenden
Tageslicht nur schwach gewesen, die Herrschaft erlangt und
warfen über alles ein flackerndes, glänzendes Licht. Alles war
dunkel und dennoch strahlend – gleich jenem Ebenholz, mit
dem man den Stil Tertullians verglichen hat.

Die seltsamen Lichtwirkungen fesselten meine Blicke an
einzelne Gesichter; und obgleich die Schnelligkeit, mit der
die Menge da draußen in Licht und wieder in Schatten trat,
mich verhinderte, mehr als einen Blick auf jedes Antlitz zu
werfen, so schien es doch, als ob ich infolge meiner besonderen Geistesverfassung imstande sei, in einem Augenblick die
Geschichte langer Jahre zu lesen.

Die Stirn an den Scheiben, war ich solcherart beschäftigt, die
Menge zu studieren, als plötzlich ein Gesicht auftauchte (das
eines hinfälligen alten Mannes von etwa fünfundsechzig oder
siebzig Jahren) – ein Gesicht, das mich sofort in Bann hielt

und mit der unerhörten Eigenart seines Ausdrucks meine
ganze Aufmerksamkeit in Anspruch nahm. Nie vorher hatte
ich etwas gesehen, das so sonderbar gewesen wäre wie dieser
Gesichtsausdruck. Mein erster Gedanke bei seinem Anblick
war, wie ich mich gut erinnere, der, dass Retzsch, hätte er es
gesehen, ihm unbedingt vor allen anderen Modellen zu seiner Verkörperung des Satans den Vorzug gegeben haben
würde. Als ich während der kurzen Zeit, da ich den Alten das
erste Mal sah, mir schnell über den Eindruck, den er auf mich
machte, Rechenschaft zu geben suchte, tauchten vor meinem
geistigen Auge die wirren und widersprechenden Vorstellungen auf von unendlicher Geisteskraft, Vorsicht, Dürftigkeit,
Geiz, Kälte, Bosheit, Blutdurst, von Frohlocken, Heiterkeit,
wildestem Entsetzen und tiefer, unendlicher Verzweiflung.
Ich fühlte mich seltsam aufgeregt, angezogen und in Bann
gehalten. »Welch eigenartige Geschichte«, sagte ich zu mir
selbst, »ist diesem Busen eingegraben!« Dann befiel mich ein
heftiges Verlangen, den Mann im Auge zu behalten, mehr von
ihm zu erfahren. Eilig zog ich meinen Mantel an, nahm Hut
und Stock und eilte auf die Straße, wo ich mir in der Richtung,
die ich ihn nehmen gesehen hatte, durch die Menge einen Weg
bahnte; denn er war schon verschwunden. Mit einiger Mühe
gelang es mir, ihn wieder in Sicht zu bekommen; ich näherte mich ihm und folgte ihm dicht, doch vorsichtig, um nicht
seine Aufmerksamkeit zu erregen.

Ich hatte jetzt gute Gelegenheit, ihn eingehend zu mus-
tern. Er war von kleiner Gestalt, sehr mager und ersichtlich
sehr hinfällig. Seine Kleidung war im Großen und Ganzen
schmierig und zerlumpt; doch als er hie und da ins helle Licht
einer Laterne trat, gewahrte ich, dass seine Wäsche, wenn
auch schmutzig, so doch von feinstem Gewebe war; und wenn
mein Auge mich nicht täuschte, so erspähte ich durch einen
Riss in seinem festzugeknöpften und offenbar aus zweiter

Hand erstandenen Regenmantel den Schimmer sowohl eines Diamanten als eines Dolches. Diese Beobachtungen erhöhten meine Neugier, und ich beschloss, dem Fremden zu folgen, wohin er auch gehen mochte.

Es war jetzt tiefe Nacht, und ein dichter, feuchter Nebel lagerte über der Stadt, der bald in andauernden heftigen Regen überging. Dieser Witterungswechsel hatte auf die Menge eine große Wirkung: ein wildes Hasten setzte ein, und eine Welt von Regenschirmen wogte darüber hin. Das Drängen, das Stoßen und das Summen verstärkte sich um das Zehnfache. Ich für mein Teil machte mir nicht viel aus dem Regen – obgleich das noch nicht ganz überstandene Fieber in mir der feuchten Kühle gar zu bedenklich entgegenlechzte. Ich band mir ein Taschentuch um den Mund und schritt weiter. Eine halbe Stunde lang bahnte der Mann sich mühsam seinen Weg durch die belebte Straße; und hier ging ich dicht an seiner Seite, aus Furcht, ihn aus den Augen zu verlieren. Da er nie den Kopf wandte, um zurückzuschauen, bemerkte er mich nicht. Endlich bog er in eine Querstraße ein; auch dort war das Gedränge sehr stark, immerhin aber bei Weitem nicht so wie in der soeben von uns verlassenen Hauptstraße. Jetzt änderte er sein Benehmen. Er ging langsamer und planloser als vorher – er zögerte. Er kreuzte wiederholt und ohne sichtlichen Grund die Straße, und das Gedränge war noch so groß, dass ich bei jeder solchen Gelegenheit ihm dicht auf den Fersen bleiben musste. Die Straße war lang und schmal, und er verfolgte sie wohl eine Stunde lang; in dieser Zeit hatte die Zahl der Passanten abgenommen – bis etwa zu der Menge, wie man sie mittags auf dem Broadway nahe beim Park antrifft. So groß ist der Unterschied zwischen der Einwohnerzahl von London und der der belebtesten Stadt Amerikas. Eine weitere Wendung brachte uns auf einen glänzend erleuchteten, von Leben übersprudelnden Platz. Der Fremde nahm sein altes

Gebaren wieder an. Er ließ das Kinn auf die Brust sinken, während seine Augen unter den gerunzelten Brauen gegen alle, die ihm in den Weg kamen, Blitze schossen. Er verfolgte seinen Weg ruhig und mit Ausdauer. Ich war indessen nicht wenig erstaunt, als er, nachdem er die Runde um den Platz beendet, kehrtmachte und seine Schritte wieder zurücklenkte. Noch mehr erstaunte ich darüber, dass er diese Runde mehrmals wiederholte – wobei er mich einmal bei einer plötzlichen Wendung fast entdeckte.

Mit dieser Leibesübung brachte er eine weitere Stunde zu, gegen deren Schluss uns weit weniger Passanten begegneten als vorher. Es regnete in Strömen; die Luft wurde kalt, und die Menschen zogen sich in ihre Behausungen zurück. Mit einer Gebärde der Ungeduld wandte sich der Wanderer einer verhältnismäßig öden Seitenstraße zu. Diese lief er wohl eine Viertelstunde lang mit einer Eilfertigkeit hinunter, wie ich sie bei einem so bejahrten Manne nicht vermutet hätte, und die es mir schwer machte, ihm zu folgen. In wenigen Minuten hatten wir einen großen und sehr besuchten Bazar erreicht, mit dessen Lokalitäten der Fremde wohlvertraut zu sein schien, und wo er wieder wie vorher im Gedränge sich planlos zwischen der Schar von Käufern und Verkäufern hindurchschob.

Während der etwa anderthalb Stunden, die wir hier zubrachten, bedurfte es meinerseits der größten Vorsicht, um mich in seiner Nähe zu halten, ohne seine Aufmerksamkeit zu erregen. Glücklicherweise trug ich ein Paar Gummischuhe und konnte mich daher lautlos vorwärts bewegen. Er gewahrte nicht einen Augenblick, dass ich ihn beobachtete. Er ging von Laden zu Laden, trat in jeden hinein, sprach kein Wort und besah sich alles mit irren, ausdruckslosen Blicken. Ich war jetzt über sein Benehmen aufs Höchste verblüfft und nahm mir fest vor, nicht eher von ihm zu weichen, bis ich einigermaßen über ihn Bescheid wusste.

Eine laut tönende Uhr schlug elf, und die Menge verließ eilig den Bazar. Ein Ladenbesitzer, der einen Schalter einhängte, stieß den Alten an, und im selben Augenblick sah ich ihn zusammenschauern. Er eilte in die Straße, sah sich einen Augenblick ängstlich um und lief dann mit unglaublicher Geschwindigkeit durch viele krumme menschenleere Gassen, bis wir von Neuem in der großen Verkehrsader auftauchten, von der wir ausgegangen waren – der Straße des D…schen Kaffeehauses. Sie bot indessen nicht mehr denselben Anblick. Sie erstrahlte noch immer im Licht der Gaslaternen, aber der Regen fiel heftig, und es waren nur wenig Leute zu sehen. Der Fremde erbleichte. Er machte mürrisch einige Schritte auf der vordem so belebten Straße, schlug dann mit einem schweren Seufzer die Richtung nach dem Flusse ein, und durch eine Menge verschiedener Straßen hindurchhastend, kam er schließlich bei einem der Haupttheater heraus. Es war kurz vor Toresschluss, und die Besucher strömten aus den Pforten. Ich sah, wie der alte Mann tief Atem holte, als er sich in die Menge stürzte, ich sah aber auch, dass die tiefe Pein in seinen Zügen etwas nachgelassen hatte. Sein Kopf sank wieder auf die Brust; er machte wieder denselben Eindruck wie zu Anfang. Ich bemerkte, dass er jetzt die Richtung nahm, welche die größere Anzahl der Theaterbesucher eingeschlagen – im Ganzen aber gab ich es nun auf, hinter sein wunderliches Tun zu kommen.

Während er so seinen Weg fortsetzte zerstreuten sich die Leute allmählich, und seine alte Unrast befiel ihn von Neuem. Eine Zeit lang folgte er einer Gesellschaft von etwa zehn bis zwölf Nachtschwärmern; doch um einen nach dem andern verringerte sich diese Zahl, bis schließlich nur noch drei in einer engen und düsteren menschenleeren Gasse zurückblieben. Der Fremde hielt inne und schien für einen Augenblick in Gedanken versunken; dann eilte er mit allen Anzeichen innerer Aufregung einen Weg hinunter, der uns an die äußerste Grenze der Stadt führte, in weit andere Gegenden, als wir bisher durchquert hatten. Es war das geräuschvollste Viertel Londons, wo alles den Eindruck erbärmlichster Armut und verzweifelten Verbrechertums machte. Beim düsteren Licht einer vereinzelten Laterne sah man hohe, alte, wurmstichige Holzbauten, die in so verschiedenen und wunderlichen Stellungen dem Einsturz entgegensanken, dass die Gässchen zwischen ihnen kaum noch angedeutet waren. Die Pflastersteine lagen, von üppig wucherndem Gras aus ihren Betten gehoben, lose umher. Ekelhafter Unrat verweste in den verstopften Gossen. Die ganze Atmosphäre war getränkt von Gram und Elend. Doch vernahmen wir, als wir so weiter gingen, allmählich wieder menschliche Laute, und schließlich sah man ganze Banden des verworfensten Londoner Pöbels hin und her taumeln. Des alten Mannes Lebensgeister flammten wieder auf wie eine Lampe vorm Verlöschen. Noch einmal strebte er elastischen Schrittes vorwärts. Als wir plötzlich um eine Ecke bogen, drang eine Flut von Licht auf uns ein, und wir standen vor einem der riesigen Vorstadttempel der Unmäßigkeit, einem Palast des Branntweinteufels.

Es war jetzt fast Tagesanbruch; doch eine stattliche Anzahl elender Trunkenbolde drängte im protzigen Eingang hin und her. Mit einem leisen Freudenschrei erzwang der Alte sich den Zutritt, nahm sofort sein ursprüngliches Wesen wieder an und schritt ohne ersichtliches Ziel inmitten der Menge umher. Er war jedoch noch nicht lange beschäftigt, als ein Drängen nach den Türen verriet, dass der Wirt sich anschickte, sie für die Nacht zu schließen. Es war mehr als Verzweiflung, was ich jetzt auf dem Antlitz des seltsamen Wesens geschrieben sah, dessen Beobachtung ich mich so ausdauernd gewidmet hatte. Aber er hielt in seinem Lauf nicht inne, sondern lenkte mit wahnsinniger Hartnäckigkeit seine Schritte wieder dem

Herzen des mächtigen London zu. Rastlos und eilig floh er dahin, während ich ihm in höchster Verblüffung folgte, fest entschlossen, nicht von diesem Studium zu lassen, für das ich jetzt ein verzehrendes Interesse fühlte.

Die Sonne ging auf, während wir weiterschritten, und als wir wiederum jenen belebtesten Teil der volkreichen Stadt, die Straße des D…schen Kaffeehauses erreicht hatten, bot diese ein Bild von Hast und Emsigkeit, das hinter dem vom Vorabend kaum zurückstand. Und hier, inmitten des von Minute zu Minute zunehmenden Gewirrs, setzte ich standhaft die Verfolgung des Fremden fort. Er aber ging wie immer hin und zurück und verließ während des ganzen Tages nicht das Getümmel jener Straße. Und als die Schatten des zweiten Abends niedersanken, ward ich todmüde und stellte mich dem Wanderer kühn in den Weg und blickte ihm fest ins Antlitz. Er bemerkte mich nicht. Er nahm seinen traurigen Gang wieder auf, indes ich, von der Verfolgung abstehend, in Gedanken versunken zurückblieb. »Dieser alte Mann«, sagte ich schließlich, »ist das Urbild und der Dämon des Triebes zum Verbrechen. Er kann nicht allein sein. Er ist der Mann der Menge. Es wäre vergeblich, ihm zu folgen, denn ich werde weder ihn noch sein Tun tiefer durchschauen. Das schlechteste Herz der Welt ist ein umfangreicheres Buch als der *Hortulus Animae,* und vielleicht ist es nur eine der großen Gnadengaben Gottes, dies: ›Es lässt sich nicht lesen.‹«

Die Welt der Zeitungen –
Die Fleet Street und ihre Geheimnisse

Michael Frayn

Erstaunlich finde ich, dass man überhaupt noch weiß, wofür der Begriff »Fleet Street« einmal gestanden hat. Die Fleet Street ist heute nichts weiter als eine trostlose, hektische Durchgangsstraße, die die City mit dem West End verbindet. Als ich dort in den letzten Monaten der fünfziger Jahre zu arbeiten anfing, war der Name noch synonym mit dem Zeitungswesen. Damit war nicht nur die Straße gemeint, sondern das ganze dicht besetzte Viertel – eine Lebensform mit ihrem ganz eigenen Stil, ihrer eigenen Philosophie; eine Welt, die so spurlos verschwunden ist wie der Fleet, der ihr den Namen gab. (Der ständig stinkende Fluss war von Sir Bazalgette in das Abwassersystem integriert und in einen unterirdischen Kanal verlegt worden, der unter Ludgate Circus an der Ostseite der Straße verlief; gewisse Parallelen zum Zeitungswesen blieben ihren Kritikern gleichwohl nicht verborgen.)

Das Viertel hatte sogar seinen eigenen Geruch. Wie Southwark auf der anderen Seite des Flusses, wo mein Vater arbeitete, sofort am subtilen säuerlichen Geruch des Kent-Hopfens zu erkennen war, der dort produziert und gelagert wurde, hing über den Plätzen und Nebengassen rund um die Fleet Street der graue, emphatische Geruch von Druckerschwärze. Ein köstlicher Hauch davon steigt mir jetzt in die Nase, und sofort fühle ich mich an den Anfang meiner Journalistenlaufbahn versetzt, wo ich nur mit Mühe die Ehrfurcht und die Erregung verbergen konnte, die ich bei der Ankunft in diesem lang ersehnten Land empfand.

Damals brach für Fleet Street nicht erst das Ende des Morgens, sondern des Nachmittags herein, und die Abenddämmerung dräute bereits am Horizont. In der Straße selbst befanden sich nur noch zwei richtige Zeitungsredaktionen – im modernistischen schwarzen Glaskasten, aus dem der *Daily* und der *Sunday Express* ihre unglaublichen archaischen Patriotismen abließen, und hinter der weißen herrschaftlichen Fassade des *Telegraph*, die passenderweise eher wie das Grab des Unbekannten Leitartiklers aussah. Die Londoner Dependancen diverser Provinzblätter und ausländischer Zeitungen hielten in engen Räumen über Tabakläden an ihrer Fleet-Street-Adresse fest – der *Manchester Guardian*, bei dem ich arbeitete, hatte einige Büroräume über der Post in Richtung Temple Bar.

Das wahre Leben aber ereignete sich in den engen Nebengassen, nördlich in der Fetter und der Shoe Lane, südlich in der Whitefriars und der Bouverie Street – in den schmuddeligen, maroden Redaktionsräumen der *Mail* und des *Mirror*, der *News of the World*, der *Evening News* und des *Evening Standard*. Der *Observer*, zu dem ich 1962 wechselte, war in einem rummeligen Verschlag unten in der Tudor Street untergebracht. Andere Zeitungen waren ein bisschen weiter ausgeschwärmt, doch alle blieben tunlichst in Pubnähe – die *Times* in Blackfriars, die *Financial Times* hügelauf neben St. Paul's, die *Sunday Times* und der *Sunday Pictorial* eine halbe, düstere Meile entfernt in der Gray's Inn Road. *Sun* und *Independent* existierten noch nicht einmal in den kühnsten Träumen, und

eine Neuheit in dieser überlebten Welt erschien so unwahrscheinlich wie die Geburt eines Kindes in einem Altersheim.
Selbst als der *Daily Telegraph* 1961 den *Sunday Telegraph* gebar,
umgab den neuen Erdenbewohner bereits eine angemessen
angestaubte Aura.

Einige Todgeweihte röchelten noch in diversen Ecken vor
sich hin. Der *Daily Herald* oben in der Endell Street erstickte
langsam an seiner Verbindung zum Gewerkschaftsdachver-
band TUC; unten in der Bouverie Street wurde der arme alte
News Chronicle, den alle mochten und niemand las, die auf-
rechte Zeitung der Liberalen, bei der ich mir die ersten Sporen
verdiente, von seinem ungleich erfolgreicheren kleinen Bruder, dem *Star*, ausgehalten (eine *dritte* Abendzeitung, war das
zu glauben?). Der Titel des *Chronicle* führte eine ganze Liste
ehemaliger, vergessener Zeitungen, die mit den Jahren darin
begraben wurden, wie die überwucherten Namen der Ver-
storbenen auf einem Familiengrab: *Daily Nexus, Daily Chronicle, Daily Dispatch, Westminster Gazette, Morning Leader*.
Ich war noch kein Jahr dort, als das ganze Gewölbe schließlich zusammenbrach und den *Star* und alle alten Namen verschüttete.

Trotz alledem wurden die Wälder des subarktischen Nordens noch immer stetig durch diesen verwurschtelten Verdau-
ungstrakt geschickt. Turmhohe Säulen mit Zeitungspacken
schwangen von den Sattelschleppern, die alle Seitenstraßen
blockierten, über unsere Köpfe. Durch verschmierte Oberlich-
ter auf Straßenniveau konnte man hier und da die rasenden
Papierbahnen auf den riesigen Rotationsmaschinen sehen,
die in den Kellern vor sich hin ratterten. Auf jeder Laderampe
lungerten unterbeschäftigte, von vergangenen industriellen
Zeitaltern übrig gebliebene Arbeiterkolonnen herum und
warteten darauf, dass sie das Produkt Ballen für Ballen, von
Hand zu Hand wie Getreidesäcke aus einer mittelalterlichen

Mühle auf die Lastwagen verfrachten konnten, die die mehr oder weniger marktschreierisch betitelten Spätausgaben und letzten Abendausgaben zu den Kiosken an der Straßenecke brachten sowie die Tageblätter für Irland und die Provinz zu den Fernbahnhöfen. Und aus jeder Laderampe, jedem Lüftungsschacht und jeder schmuddeligen Eingangshalle drang dieser betörende Geruch.

Darunter mischte sich ein weiterer charakteristischer Geruch – der warme Bierhauch an Eingängen, über denen Namen prangten, die so vertraut waren wie die Namen der Zeitungen: Mucky Duck alias White Swan, wo der *Chronicle* und, ich glaube, die *Mail* verkehrten, Printer's Devil, Stammlokal des *Mirror*, das King and Keys in der Fleet Street, das den Mitarbeiterstab des *Telegraph* direkt gegenüber zu laben pflegte. Als ich einmal am King and Keys vorbeiging, wurde ich beinahe von einem Projektil erledigt, das aus der Tür geschossen kam wie eine Granate aus einer Haubitze. Es war ein Mann, den der Wirt in hohem Bogen weit über den Gehsteig hinaus in den Rinnstein beförderte; wer immer das war, irgendjemand war wohl der ganz entschiedenen Meinung, dass es nun Zeit für ihn sei, an den Schreibtisch zurückzukehren. Bei anderer Gelegenheit sah ich durchs Fenster des *Guardian* einen groß gewachsenen, erlauchten Journalisten langsam aus dem Piele's gegenüber treten, einige kultivierte Schritte torkeln, worauf er sich abrupt niedersetzte und mit verblüffter, doch resignierter Miene verweilte, unübersehbar außer Stande, aus freien Stücken wieder auf die Beine zu kommen, bis ein Rettungsteam aus dem Piele's kam, ihn hochhievte und zur weiteren Behandlung wieder hineinschleppte.

Der *Observer* verkehrte im Auntie's, wobei ich nicht mehr weiß, ob das Pub auch einen richtigen Namen hatte oder wer Auntie sein sollte. Der *Guardian* hatte zwei Standbeine, eins im Clachan, einem eher schlichten Standort fürs progressive

Publikum, der aufdringlich mit diversen Schottenmustern ausgekleidet war; dort bekamen wir das beste Bitter und wurden von einem ominösen Angestellten einer Pressegewerkschaft observiert, der jeden Tag von früh bis Feierabend mit Sonnenbrille allein in einer Ecke saß, im Flüsterton angesprochen wurde und selbst gar nichts von sich gab und offensichtlich von Gewerkschafts- oder Unternehmerseite dafür bezahlt wurde, dort zu sitzen und den ganzen Tag zu trinken.

Das andere Standbein war im El Vino's (das immer so geführt wurde, wie Piele's oder Auntie's, als gäbe es einen Wirt namens Elmer Vino). Das war eine ganz andere Lokalität – kein Pub, sondern eine Weinbar, bevor Weinbars überhaupt erfunden wurden, wo wir kein Bitter, sondern Chablis Soda tranken, und zwar nicht in Gesellschaft von Gewerkschaftlern, sondern von blumigen Advokaten vom Temple Bar und Journalistenkollegen mit hehren Ambitionen – verhinderten Gelehrten, die einem in kürzester Frist ein Buch über Lord Northcliffe oder Hugh Kingsmill rezensieren oder einen gnadenlos maßgebenden Aufsatz über die richtige konstitutionelle Beziehung von Krone und Lordkanzler liefern konnten. Frauen wurden ganz und gar nicht ermutigt, einzutreten. Hartnäckige Exemplare, denen nicht gestattet wurde, die studentische Atmosphäre der Bar zu stören, wurden in ein mit Tischen und Stühlen ausgestattetes Hinterzimmer geführt, wo Elmers galanter Oberkellner einen der älteren, gebrechlichen Säufer, die dort Zuflucht suchten, nötigte, seinen Platz für die traditionell beschämten Besucherinnen zu räumen.

Der Wechsel zwischen diesen beiden so unterschiedlichen Etablissements hatte etwas Symbolisches. Auf der einen Seite waren wir nichts weiter als gewerkschaftlich organisierte Handwerker, auf der anderen Seite hatten wir durchaus gewisse gesellschaftliche Ambitionen. Ich war selbstverständlich Mitglied der Journalistengewerkschaft, doch von meinen

Beitragszahlungen abgesehen, bestand mein einziger Kontakt, seit ich beim *Observer* war, in einem gelegentlichen Beschwerdebrief vom Bezirkssekretär mit der Frage, weshalb wir keinen Redaktionsbeirat hätten. Diese Anfragen leitete ich an Kollegen weiter, die über die eigenwillige Funktionsweise unserer Redaktion besser Bescheid wussten, und zurück kam stets dieselbe Antwort: Wir bräuchten keinen Beirat, weil wir alle, Mitarbeiter wie Geschäftsführung, wie Gentlemen miteinander verkehrten.

Zugegebenermaßen arbeiteten wir auch wie Gentlemen, nämlich, verglichen mit dem Tempo heutiger Journalisten, recht gemächlich. Wir mussten noch nicht gar so grenzenlose Flächen Zeitungspapier füllen und wurden auch noch nicht von den endlosen Gewerkschaftskämpfen blockiert, die die letzten Tage von Fleet Street überschatteten, bis Rupert Murdoch sie umging und 1986 aus dieser zunehmend festgefahrenen und von Bitterkeit gezeichneten kleinen Welt in die brutale Schlichtheit von Wapping umzog. Inzwischen ist die restliche Presselandschaft Murdochs Beispiel gefolgt und hat sich über ganz London verstreut – bis zur Isle of Dogs und Clerkenwell (wo meine beiden früheren Arbeitgeber zu guter Letzt unter einem Dach zusammengefunden haben), Old und Kensington High Street, sogar zwischenzeitlich in South London und Heathrow. Ich weiß nicht, wer heutzutage aus dem King and Keys geworfen wird, aber keiner von denen wird die erstaunliche Gabe besitzen, zu trinken, bis der Boden wackelt, und anschließend tausend Wörter über den bestürzenden Verfall der Sitten zu schreiben.

Von Pubs und Pints –
Anleitung zum Trinken

Adrian Bailey

London streckt seine Finger aus rotem Backstein über die Stadtgrenzen hinaus bis in die ländlichen Gärten und macht selbst die Randgebiete städtisch. Entlang der Themse von Kingston bis Erith Causeway breitet sich die Stadt aus, ihr Gesicht ist durchzogen von Straßen und gesprenkelt mit über siebentausend Pubs, die sich wie Sommersprossen darauf verteilen.

Elf Uhr morgens ist die beste Zeit, um die Atmosphäre eines Pubs aufzusaugen. Sie haben gute Chancen, die Bar für sich allein zu haben, oder sie höchstens mit einem stillen, verzweifelten Stout-Trinker zu teilen, der sich bereits vor dem Öffnen der Bar hartnäckig an die Eingangstür gelehnt hatte.

Bestellen Sie ein halbes Pint vom feinsten Bitter, am besten frisch vom Fass. Schlürfen Sie es besinnlich, schmecken Sie es ab, als ob Sie Wein probieren würden, denn das ist das beste Bier der Welt; würzig und stark. Der Stout-Trinker wird mittlerweile ein Pint geleert und sein Glas, an dem der braune Schaum noch haftet, bereits zum Nachfüllen über die Theke geschoben haben. Er kann nicht warten, aber Sie können es. Sie müssen sogar, denn Sie stehen auf der Schwelle zu einer Entdeckung. Das komplette Erwachen allerdings, die Belohnung für Ihre Beharrlichkeit, entwickelt sich nur so langsam wie ein unterbelichteter Film.

Ich habe Leute gesehen, die, wenn sie ihre erste Bekanntschaft mit einem Bitter machen, ihr Gesicht verziehen und sich krampfhaft schütteln. »Bäh! Das mag ich nicht.« Sie haben sich selbst, oder dem Bier, keine Chance gegeben. Erwarten sie etwa, dass es das Geschmackserlebnis eines Olorosos bietet? Die Vollendung des englischen Biers hat Jahrhunderte gedauert; und auch der Gaumen muss in der Wertschätzung geschult werden. Das sind wir ihm sogar schuldig! Und wenn Sie dann doch am Ende entscheiden, dass Bitter nichts für Sie sei, verzweifeln Sie nicht. Jeder nach seinem eigenen Geschmack. Versuchen Sie ein Mild Ale, das ist dunkler und süßer als das Bitter, oder, wenn Sie ein Pub finden können, das es ausschenkt, ein Burton, das manchmal auch Old genannt wird. Das ist ein starkes, dunkles und süßes Fassbier, vergleichbar mit Stout und kann auch als Old and Mild mit Mild Ale gemischt werden – ein besonders beliebtes Wintergetränk. Im Süden Englands ist es schwierig, Burton zu finden, und eines Tages verschwindet es vielleicht sogar gänzlich, wie Porter oder das alte Shrub, das ich 1945 das letzte Mal im Weinkeller des Cedars Hotels in West Kensington gesehen habe. Traditionell wird Burton in Burton-on-Trent in den Midlands gebraut, obwohl auch in London zahlreiche Brauereien im Burton-Stil brauen. Die meisten Pubs verkaufen Burton nur von Mitte Oktober bis März, also achten Sie auf die Saison.

Fast alle Pubs öffnen morgens um 11 Uhr, schließen um 15 Uhr (sonntags von 12 bis 14 Uhr), öffnen wieder um 15.30 Uhr und schließen um 23 Uhr (sonntags von 19 bis 22.30 Uhr). Diese komplexe Regelung der Öffnungszeiten, die wie eine mathematische Formel auswendig gelernt werden muss, bringt die Engländer zur Verzweiflung und verblüfft die Touristen, die nicht verstehen können, warum wir etwas hinnehmen, was wir so sehr verabscheuen.

An jedem Morgen muss in jedem Pub der Wirt oder ein Angestellter die ausgedünnten Regale mit neuen Flaschen aus dem Keller auffüllen. Wenn das Pub dann öffnet, werden Sie eine reiche und gut sortierte Auswahl vorfinden, die, wie Soldaten in Uniform, stolz und präzise in Reih und Glied vor Ihnen stehen. Hell angestrahlt, leuchten sie Ihnen blitzblank entgegen, diese braunen Flaschen. Die Kronkorken haben je nach Biersorte unterschiedliche Farben: gelb für Pale Ale, rot für Brown Ale, grün oder blau für Stout. Manche der Soldaten kommen aus anderen Regimentern: Charrington's Toby Ale, Ind Coope's Double Diamond (»wirkt Wunder«), Guinness (»tut gut, schmeckt gut«), Ben Truman (»der Hopfen machts«), Watney's (»weil wir es wollen«), Stingo, Red Barrel, Dairymaid Stout, John Courage, Barclay Wine, das mächtige Colne Spring Ale und das umwerfende Courage Imperial Russian Stout, das im Ruf steht, das stärkste Flaschenbier zu sein, das jemals gebraut wurde.

Die meisten Flaschenbiere sind spritzig und sehr kohlensäurehaltig, besonders das Pale Ale, weswegen die Bardame auch das Glas etwas neigt, wenn sie die Flasche zum Einschenken ansetzt, da das eine übermäßige Schaumbildung verhindert. Man will ja nicht seine Nase in eine dicke, kalte Schaumschicht stecken, um zum ersehnten Bier zu gelangen. Von der Bildfläche verschwunden ist Reid's Stout. Als mein Vater Pächter des Stanley Arms in Pimlico war (wurde durch eine Bombe im Zweiten Weltkrieg dem Boden gleichgemacht – das Pub, nicht mein Vater), war Reid's Stout dort der Verkaufsschlager. Er hatte im Pub eine Babyflasche mit dem Etikett von Reid's ausgestellt, »weil«, wie er sagte, »meine Kunden damit abgestillt worden sind«.

Sie müssen, wie ich es getan habe, in einem Pub leben,

um die verschiedenen Stimmungen, die mit den Tageszeiten wechseln, schätzen zu lernen. Vor dem Öffnen hängt ein bezaubernder, jungfräulicher Hauch von Frische in der Luft, eine unnachahmliche Pub-Parfumkreation aus Hopfen und Malz, Alkohol und Putzmittel und vielleicht noch eine schwache Veilchennote vom Lufterfrischer. Das ist der nostalgische Duft meiner Kindheit. Verschüttetes Ale angetrocknet und klebrig wie Zuckermasse. Die Zapfanlagen und die Hähne aus schwarzem Ebenholz (selten auch aus farbiger Keramik), die das Bier aus den mit roten Gummigelenken versehenen Glasrohren (die reflexartig leicht zucken, wenn der Zapfhahn betätigt wird) durch den Barboden aus einem Fass im Keller ziehen. Diese Fässer zu transportieren und die Bierkästen zu schleppen, ist harte Arbeit. Kein Wunder, dass die Lieferanten nach getaner Arbeit morgens um neun erstmal zwei Pints runterschütten.

London hat mehr als tausend winzige, in Seitengassen verborgene Pubs, die sich in den letzten hundert Jahren kaum verändert haben. Sie werden es nicht schaffen, sie alle zu finden, auch ich werde es nicht, denn dazu reicht ein Menschenleben nicht aus. Viele von ihnen sind gut versteckt und eifersüchtig bewacht von einer Handvoll unverbrüchlich treuer Kunden, die von ihrem Pub nur als »my local« sprechen.

Jedes Pub ist, genau wie Sie und ich, ein Individuum, extrovertiert oder introvertiert, ungestüm oder unnahbar und kultiviert, derb oder nachdenklich. Manche geben schnell ihre Persönlichkeit preis, wie zum Beispiel die Prügel-Pubs in Camden Town, Praed Street und Harrow Road. An einem Samstagmittag, wenn die zerrissenen, geleerten Lohntüten auf dem Fußboden zertreten werden, ist ein guter Faustschlag mindestens so befriedigend wie ein Pint frisch gezapften Stouts – zumindest wenn man Ire ist.

Wie der Kunde, so das Pub. Es gibt Boot-Pubs, wie das London Apprentice in Isleworth, das mit Totenköpfen, Fähnchen und Navigationslaternen dekoriert ist, oder das City Barge in Strand-on-the-Green; es gibt Pubs für Piloten und Globetrotter, wie das Goat in Stafford Street; es gibt Pubs für Humoristen, wie das Punch Tavern in der Fleet Street und Pubs für Drucker, wie das Printer's Devil in der Fetter Lane. Es gibt Maler-Pubs, Schriftsteller-Pubs, Dockarbeiter-Pubs, Markt-Pubs, Theater-Pubs, Polizei- und Anwälte-Pubs. Die Pubs am Ufer der Themse schmücken London wie eine Perlenkette: das London Apprentice, das City Barge und das Bull's Head in Strand-on-the-Green, das Black Lion und das Dove in Hammersmith, das Anchor in Bankside und das geradezu berühmte Prospect of Whitby in Wapping.

Es gibt Pubs in London, die so alt sind, dass ihr Überleben einem Wunder gleicht. Die Brauerei Charrington hat keine Kosten und Mühen gescheut, zu verhindern, dass das alte Hoop and Grapes auf der Aldgate High Street zusammenbricht. Das historische Monument wurde im 13. Jahrhundert errichtet und wird nun mit versteckten Stahlbögen gestützt, damit es nicht unter der Last der Zeit einknickt. Das Old Wine Shades befindet sich in der Martin Lane, nahe der London Bridge; es ist die einzige Innenstadttaverne, die das durch einen Bäckereibrand in der Pudding Lane ausgelöste Inferno – das Große Feuer von London – überstanden hat und seit 1663 nahezu unverändert geblieben ist. In der Luft stehende Staubpartikel filtern das Licht, das durch die alten Fenster hinein schimmert; im blassen Schein erweist sich ein formloser Schatten als ein Sessel, als ein Strauß von Hüten neben der Tür, als ein Bücherstapel auf dem Kaminsims: Lloyd's *Shipping Register* für das Jahr 1930, Foote's *Handbook for Spies, Bernard Spilsbury – His Life and Cases*, die *Law List*. Samuel Pepys nippte im Wine Shades an einem Glas Portwein, während

Zimmerleute das neue Interieur lackierten, während durch die Kanäle von Eastcheap braune Ratten den Schwarzen Tod in die Stadt trugen, während an der Fifth Avenue in Manhattan britische Rotröcke die holländischen Siedler bekämpften. Alter, alter Lack, schwarze und knarrende Fugen. Satter, rubinroter Portwein und dünner, blasser Sherry, Burgunder und Bordeaux. Das Gefühl, eine Zufluchtsstätte gefunden zu haben. Wenn das Telefon klingelt, ist der Anruf wahrscheinlich nicht für Sie.

In der Mitte der St. Martin's Lane (bitte nicht Martin Lane mit St. Martin's Lane verwechseln, die parallel zur Charing Cross Road verläuft) befindet sich ein Pub, dessen Name bereits auf der Zunge zergeht – das Salisbury. Ein Tempel aus Glas und Messing. Viktorianische Üppigkeit. Belebt, betriebsam und für gewöhnlich voll. Wenn das Telefon klingelt, könnte es für Sie sein. In dieser Gegend wohnen nicht viele Menschen, und trotzdem hat das Salisbury seine Stammkunden, da es als Wallfahrtsort der Theaterwelt gilt. Schauspieler, Regisseure, Drehbuchautoren, Werbeleute, die Gebildeten und die Lieblinge der Szene laden hier ihre Batterien mit frisch gezapftem Guinness oder einem Glas Wein auf. Ins Salisbury kommt man, um es anzuschauen, so wie man eine Frau mit exquisiten Kleidern anbetet und bewundert. Niemand würde sich wundern, wenn sogar das Graffiti auf der Toilette von Chaucer wäre.

Viele Pubs spezialisieren sich. Das Admiral Codrington in der Mossop Street in Chelsea, dessen Interieur wie die bayrische Phantasie eines englischen Pubs wirkt, führt mehr als hundert verschiedene Whiskey-Sorten; das Bell and Crown in Strand-on-the-Green führt sechsundsiebzig. Der Besitzer des Chelsea Potter in der King's Road behauptet, die größte Auswahl an Aperitifs und Spirituosen in London zu haben, und er bietet vierzig verschiedene offene Weine an. Die Mehrheit der Londoner Pubs hat sich nur langsam dem Brauch angepasst, Wein auch offen auszuschenken, da die Brauereien lange wünschten, dass sie ausschließlich Bier verkaufen. Vor noch nicht allzu langer Zeit war man geneigt, Leuten, die in einem Pub Wein bestellten, mit jenen argwöhnischen Blicken zu strafen, die man ansonsten für Fremde gebrauchte. »Geh doch in ein Restaurant und bestell dir eine Mahlzeit, wenn du Wein trinken möchtest«, war der Ratschlag. Inzwischen gilt die Regel: Anything goes. Es gibt Wodka-Pubs und Schnaps-Pubs und Champagner-Pubs. Das Cask and Glass in der Palace Street in Victoria ist ein enges, gut geführtes, frisches, kleines Pub, auf dessen Theke Viertelliterflaschen Champagner in mit Eis gefüllten Eimern stehen, Portwein und Sherry kommen vom Fass, und es gibt sechsundzwanzig offene Weine.

Das Bunch of Grapes in der Yeoman's Row, dieses schmucke, gläserne viktorianische Juwel, schenkt Holsten Lager vom Fass aus, gut, sich im Sommer daran zu erinnern. Das Henekeys in der Portobello Road (meiden Sie es am am Samstag, außer Sie fühlen sich wohl im Gedränge) erhitzt in einem großen Kupferkessel Rum und Whiskey-Bowle, gut, sich im Winter daran zu erinnern. Es gibt nur noch ein einziges Cider-Pub in London, das Weston's, ein Relikt inmitten der sprießenden Neubauten um die Harrow Road. Trinken Sie im Weston's ein Glas Rough Cider, bevor auch diese letzte Blüte des Viktorianischen Zeitalters von den Immobilienhaien zerrissen wird. Ich habe auch neulich im Namen des Widow's Son in der Devons Road in Bow – eines der herrlichsten Pubs in London aus der späten viktorianischen Zeit, das ebenfalls abgerissen werden soll – an die Brauereien, das GLC und die Victorian Society appelliert. Das Widow's Son ist einzigartig in London; es ist fast unverändert, unberührt und ursprünglich. Hier herrscht die echte Gaslichtatmosphäre des East End der 1830er Jahren. Es ist zwar ein bisschen kompliziert, dieses Pub zu finden, aber der Aufwand lohnt sich. Von der Decke hängt ein vom Alter geschwärzter Korb, gefüllt mit Easter Hot Cross Buns und beschriftet mit »Auf dem Platz, der jetzt von dem Pub eingenommen wird, stand einst eine Hütte.« In dieser Hütte lebte eine Witwe, deren Sohn – ein Matrose – eigentlich am Karfreitag hätte heimkommen sollen. Die Witwe legte für ihn ein Hot Cross Bun zur Seite, doch er kam nie. Jedes Jahr hob sie ein Bun für ihn auf, und die Sammlung wuchs und wuchs. Das Pub hat diese Tradition seit 1820 fortgesetzt, und jeden Karfreitag fügt ein Matrose dem Korb ein weiteres Bun hinzu.

Ein Geheimtipp unter den Londoner Pubs ist das Beehive in der White Hart Lane in Barnes. Es ist derart gut versteckt und abseitig, dass es echt bleiben konnte. Ein kleiner, gemütlicher Innenraum, draußen eine efeubedeckte Terrasse, die eine trostlose Aussicht über einen Gemüsegarten auf die Eisenbahnschienen bietet – hier fühlt man sich wie in einem Häuschen auf dem Land. Vor hundert Jahren waren hier die Marktgärten. Auf einer flachen, Westfields genannten, Ebene erstreckten sich zahlreiche Parzellen, in denen Gemüse angebaut wurde und die das Land zu einem grünen, geometrischen Gebilde formten. Die Marktgärtner in Arbeitskitteln beugten ihre Rücken, um schwarze Kartoffeln und lange, grüne Bohnen zu ernten. Hier stand auch eine Hütte, die unter anderem als Bierschenke genutzt wurde, denn nach Kartoffeln zu graben macht durstig. Die Hütte wurde um 1860 als Pub wieder aufgebaut und beherbergt heute das Watney's. In der Bar kann man mit einem der Ortsansässigen, der zweifelsohne gewinnen wird, eine Partie Shove ha'penny spielen oder einfach vor einem Pint Ale den passierenden Zügen zuschauen. Shove ha'penny ist keines jener Spiele, die einen Kopf und Kragen kosten können, aber man kann dabei einiges lernen, zum Beispiel, dass man sich locker aus dem Handgelenk, nämlich mit dem präzisen Platzieren einer kleinen Messingscheibe auf dem richtigen Feld eines polierten Bretts, ein Pint Ale verdienen kann – und ein Schrittchen Richtung Unendlichkeit.

Die Wiedergeburt des Pubs als Vergnügungsstätte war ein riesiger Erfolg und für jeden eine große Überraschung, besonders für die Brauereien, die sich vor der Konkurrenz der Coffee Bars und des Fernsehens gefürchtet hatten. Jetzt gibt es also Entertainment-Pubs – große, laute, hemmungslose Lokalitäten, in denen Bands auftreten, wie das City Arms in der West Ferry Road. Fast jeden Abend platzt es aus allen Nähten und ganz besonders an den Wochenenden, wenn die jungen East Ender und die Touristenmassen einfallen. Das Waterman's Arms in der Glengarnock Avenue stiehlt jedoch definitiv immer wieder allen die Show, ein echtes englisches Varieté. Mit ein bisschen Stehvermögen und dickem Trommelfell ist das Abendunterhaltung pur. Allerdings muss das Pub schon als Attraktion außerhalb Londons gelten, da es sehr mühsam ist, mit öffentlichen Verkehrsmitteln dorthin zu gelangen.

Das East End gleicht einer mit wunderschönen Pubs gefüllten Schatzkiste. Sogar die berühmteren haben noch viel zu bieten. Das Grapes in der Narrow Street verfügt über eine Terrasse mit Aussicht auf den Fluss und natürlich auch einer Beziehung zu Charles Dickens, der anscheinend in jedem Pub Englands irgendwann mal gewesen ist und eine Leber wie eine Pumpstation gehabt haben muss.

Fast jedes Pub in London beherbergt ein Stück Geschichte. Der Maler George Morland trank üblicherweise im Bull in Highgate. Im Jack Straw's Castle stieg Wegelagerer Dick Turpin ab; im Cheshire Cheese in der Fleet Street, das heute Steak-and-kidney-Pudding an amerikanische Touristen verteilt, hat einst Dr. Johnson sein Ale getrunken; im Garten vom George in Southwark wird noch immer Shakespeare aufgeführt, und Conan Doyle hat seinen Sir Henry Baskerville im Northumberland Hotel wohnen lassen, das nun folgerichtig Sherlock Holmes heißt. G. K. Chesterton genehmigte sich wohl ein oder zwei Pints im Scarsdale am Edwardes Square, wobei das reine Vermutung ist. Nicht ganz so lange ist es her, dass Dylan Thomas und Brendan Behan im York Minster in Soho, das auch mein »local« ist, poetische Tränen in ihre Biere fallen ließen.

Viele schöne Pubs werden zusehends vernichtet – zumindest habe ich diesen Eindruck. Das Greyhound am Kensington Square, das sich einst durch einen reizenden, alten viktorianischen Mahagoni-Billardraum und eine ebenso ehrwürdige Atmosphäre auszeichnete, wurde kürzlich »erneuert«. Ebenso das Black Horse in der Rathbone Place, in dem man die handbemalten Fenster und die komplette Ausstattung der alten Bar durch ein modernes Interieur ersetzte. Das Ye Olde Castle in der Battersea High Street, das gebaut wurde, als Elizabeth I. noch auf dem Thron saß, wurde abgerissen, um Wohnungen Platz zu machen! Das Gebäude, das nun auf dem Grundstück steht, mag zwar in ein paar hundert Jahren als ein architektonisches Schmuckstück gelten, aber ich bezweifle es, sehr sogar. Das Olde Castle war ein öffentliches historisches Monument, seine Zerstörung wiederum ist ein Monument gedankenloser Stadtplanung. Nur sehr wenige modernere Pubs können mich dazu verführen, länger als zehn Minuten zu bleiben. Es ist doch paradox: Warum vernichtet man das Echte und Originale wie das Greyhound, um dann nur wenige Meter davon entfernt den 1930er-Stil des Pembroke Arms künstlich noch älter zu machen und es zudem in Hansom Cab umzubenennen? Die Wandverkleidung und der Überbau im Greyhound waren aus echtem Mahagoni und Kastanienholz, und im Hansom Cab wird das aus Plastik nachgebaut! Im Champion in der Wells Street wird man sogar noch mehr hinters Licht geführt, denn dieses »viktorianische« Pub ist ein Neubau; das Cockney Pride in der Jermyn Street ist noch jünger, sieht jedoch aus wie der Schauplatz eines Lupino Lane Musicals.

Pubs gehören in England zum Grundgerüst des sozialen Lebens. Wir gehen in ein Pub, um etwas zu trinken, für eine Mahlzeit, um uns zu unterhalten, weil wir glücklich oder traurig sind, weil wir Gesellschaft wünschen oder gerade nicht. Pubs sind einzigartig, es gibt einfach nichts Vergleichbares. Wo sonst kann man Orte finden wie die Henekeys Long Bar in Holborn, das einem Saal eines erhabenen Herrenhauses gleicht, mit dem Steg hoch über den Fässern und dem kaminlosen Feuer? Oder das Olde Mitre Tavern in Hatton Garden, wo in der einen Ecke der Bar ein Kirschbaum steht? Streifen Sie durch Londons Pubs und kosten Sie deren einzigartigen Qualitäten. Londoner legen Wert darauf, auch in Pubs zu gehen, die weiter entfernt liegen, denn sie wissen, dass jedes Pub, genau wie unsere Freunde, sein eigenes Gesicht hat.

Es ist nicht einfach, die zwölf besten Pubs in London zu bestimmen, aber dies ist meine Auswahl: Das Beehive, das Black Friar, das Bunch of Grapes, Henekeys Long Bar, Jack Straw's Castle, das London Apprentice, die Mitre Tavern, das Red Lion, das Salisbury, das Widow's Son, das Olde Wine Shades und das York Minster.

In welchem Pub Sie auch immer landen, vergessen Sie nicht, dass man die Getränke immer sofort bezahlt und dass man als Kunde niemals Trinkgeld gibt, es sei denn, es handelt sich um ein restaurantartiges Pub mit richtiger Bedienung.

Abteien und Kathedralen –
Orte des Lebens, Orte des Todes

Virginia Woolf

St. Paul's Cathedral beherrscht London. Ein Gemeinplatz, aber man kann nicht umhin, ihn zu wiederholen. Aus einiger Entfernung bläht sie sich wie eine große graue Blase; im Näherkommen ragt sie immer riesiger und bedrohlicher vor uns auf. Aber plötzlich verschwindet St. Paul's. Und wie sehr ist das London hinter St. Paul's, unterhalb St. Paul's, rund um St. Paul's und da, wo man St. Paul's nicht sieht, geschrumpft! Einst waren da College-Gebäude und Innenhöfe und Klöster mit Fischteichen und Kreuzgängen; Schafe weideten auf dem Rasen, und es gab Wirtshäuser, wo die großen Dichter ihre Füße von sich streckten und gelöst miteinander redeten. Nun ist diese ganze Gegend so gut wie verschwunden. Die Weiden sind fort und die Fischteiche und die Kreuzgänge; sogar die Männer und Frauen scheinen zusammengeschrumpft zu sein, sie treten in Massen auf und sind winzig klein, statt jeder für sich und ganz sie selbst. Wo einst William Shakespeare und Ben Jonson sich begegneten und einander ihr Herz ausschütteten, hasten und hetzen heute Mr Smith und Miss Brown zu Tausenden vorüber, schwingen sich aus Autobussen, tauchen in Untergrund-

Bahnen ab. Es sind offensichtlich zu viele, sie sind zu klein, einander zu ähnlich, um alle einen Namen für sich, einen besonderen Charakter und ein eigenes Leben zu haben.

Wenn wir die Straße verlassen und eine Kirche in der Innenstadt betreten, wird uns klar, wie viel Raum die Toten im Vergleich zu den jetzt Lebenden zur Verfügung haben. 1737 starb ein Mann namens Howard und wurde in St. Mary-le-Bow beigesetzt. Die Aufzählung seiner Tugenden füllt eine Wand. »Er war mit einer gesunden Intelligenz gesegnet, die bei der gewohnten Ausübung großer und göttlicher Tugenden leuchtend hervortrat … In einem lasterhaften Zeitalter hielt er standhaft fest an Gerechtigkeit, Offenheit und Wahrheit.« Er nimmt einen Platz für sich in Anspruch, der fast für ein Büro reicht und für den man eine Miete von mehreren Hundert im Jahr verlangen könnte. Heute würde man einem Mann von vergleichbar geringem Bekanntheitsgrad einen weißen Stein üblichen Formats unter tausend anderen zugestehen, und von seinen großartigen, ja göttlichen Tugenden wäre nicht die Rede. Ebenfalls in St. Mary-le-Bow werden alle Nachgeborenen ersucht, stehen zu bleiben und sich zu freuen, dass Mrs Mary Loyd mit 79 Jahren, ohne zu leiden und auch ohne das Bewusstsein wiederzuerlangen, »ein vorbildliches und makelloses Leben beschloss«.

Bleib stehen, bewundere, gib acht, was du tust – so mahnen uns diese Tafeln immer wieder. Beim Verlassen der Kirche wundert man sich über eine Zeit mit so viel Raum, dass unbekannte Bürger so viel Platz mit ihren Knochen einnehmen und eine solche Aufmerksamkeit für ihre Tugenden verlangen durften –, wenn man bedenkt, wie wir uns anrempeln, zur Seite stoßen und auf der Straße umeinander schlängeln, wie scharf wir eine Ecke schneiden, wie behände wir an Autos vorbeischlüpfen. Die bloße Anstrengung, am Leben zu bleiben, erfordert unsere ganze Energie.

Wir sind gerade im Begriff zu sagen, wir hätten keine Zeit, über Leben und Tod nachzudenken, da stoßen wir plötzlich auf die gewaltigen Mauern von St. Paul's Cathedral. Da ist sie wieder, riesig wie ein Gebirge ragt sie über uns auf, noch grauer, kälter, schweigsamer als zuvor. Und kaum dass wir sie betreten haben, spüren wir dieses Innehalten, diese Entspannung und Befreiung von Hast und Mühe, die einem St. Paul's mehr als irgendein anderer Bau auf der Welt zu vermitteln imstande ist.

Ein Teil ihrer Herrlichkeit beruht ganz einfach auf ihrer ungeheuren Größe, ihrer farblosen Klarheit. Leib und Seele scheinen sich in diesen Mauern zu weiten, sich auszudehnen unter diesem mächtigen Kuppelgewölbe, wo weder Tages- noch Lampenlicht herrscht, sondern ein seltsames Gemisch aus beidem. Durch ein Fenster dringt grün ein breites Lichtbündel, ein anderes verfärbt die Steinfliesen zu kühlem, blassem Purpurrot. Es ist Raum genug da; jedes noch so breite Lichtband kann sich bequem entfalten. Die sehr große, rechteckige Kathedrale, in der das Schlurfen der Schritte und aller andere Lärm hohl widerhallen, ist von höchster Erhabenheit, aber ohne jedes Geheimnis. Die Gräber liegen wie majestätisch aufgemachte Betten zwischen den Säulen. Dies ist der würdige Ruheraum, in den sich große Staatsmänner und Männer der Tat in ihren glanzvollen Roben zurückziehen, um den Dank und die Zustimmung ihrer Mitbürger entgegenzunehmen. Immer noch tragen sie ihre Ehrenzeichen und Hosenbandorden, die Embleme bürgerlichen Prunks und militärischen Stolzes. Ihre Gräber sind anständig und reinlich gehalten. Kein Rost, kein Farbrest darf sie beflecken. Selbst Nelson wirkt ganz schmuck. Und sogar die verkrümmte und gequälte, in die marmornen Windungen ihres Grabgewandes gehüllte Gestalt von John Donne sieht aus, als habe sie den Hof des Steinmetzen erst gestern verlassen. Und dennoch steht sie in ihrem Todeskampf schon dreihundert Jahre hier und hat die Flammen der Londoner Feuersbrunst überstanden. Aber dem Tod und seiner Verderbnis ist der Eintritt verwehrt. Bürgertugend und Bürgergröße sind hier in Sicherheit. Zwar liest man oberhalb der reichgeschnitzten Tür, dass wir durch das Tor des Todes zu freudvoller Auferstehung schreiten; aber irgendwie lassen die schweren Portale nicht vermuten, dass sie sich auf Felder voll unverwelklicher Blumen und zauberwehrender Kräuter öffnen, wo Harfen ertönen und himmlische Chöre singen, sondern auf marmorne Treppenfluchten, die zu ernsten Beratungszimmern und glanzvollen Sälen führen, von Trompeten widerhallend und mit Bannern geschmückt. Müh und Plage, Todesangst und Ekstase haben keinen Raum in diesem majestätischen Bau.

Kein größerer Gegensatz lässt sich denken als zwischen St. Paul's Cathedral und Westminster Abbey. Alles andere als weiträumig und von feierlicher Klarheit, ist die Abtei vielmehr schmal und hoch, abgenutzt, unruhig und voller Leben. Man hat das Gefühl, aus dem demokratischen Durcheinander, Stimmengewirr und Einerlei der Straße in eine glänzende Versammlung geraten zu sein, eine ausgesuchte Gesellschaft von Männern und Frauen größter Distinktion. Die Gesellschaft scheint sich in einer geheimen Sitzung zu befinden. Gladstone tritt auf, dann Disraeli. An jeder Ecke, vor jeder Wand lehnt und lauscht jemand oder beugt sich vor, als wolle er gleich etwas sagen. Selbst die untätig Ruhenden scheinen aufmerksam dazuliegen, so als ob sie im nächsten Augenblick aufstehen würden. Ihre Hände greifen nervös nach dem Zepter, ihre Lippen sind in flüchtigem Schweigen zusammengepresst, ihre Augen leicht geschlossen, als dächten sie einen Augenblick nach. Diese Toten – wenn sie denn tot sind! – haben ein volles Leben gelebt; ihre Gesichter sind erschöpft, ihre Nasen hager, ihre Wangen ausgehöhlt. Sogar der Stein der alten Säulen scheint von der Intensität des Lebens angegriffen, das sich durch all die Jahrhunderte an ihm gerieben hat. Stimmen und Orgel hallen metallisch in den kniffligen Ziselierungen des Daches. Die schönen Steinfächer, die sich zur Decke entfalten, erscheinen wie ihrer welken Blätter beraubte Zweige, die gleich vom Wintersturm geschüttelt werden. Aber ihre Strenge ist auf schöne Weise gemildert. Von Augenblick zu Augenblick wechseln und widerstreiten einander Licht und Schatten. Ein Gesprenkel von Blau, Gold und Violett zieht darüber hin, verblasst. Unter der stetigen Wellenbewegung des wechselnden Lichts verändert sich der graue Stein, so alt er ist, wie ein lebendiges Wesen.

Und so ist die Abtei kein Ort des Todes und der Stille, kein Ruheraum, wo die Tugendhaften liegen, bereit, den Lohn der Tugend zu empfangen. Ja, sind diese Toten überhaupt wegen ihrer Tugenden hierhergelangt? Viele von ihnen waren gewalttätig, lasterhaft. Oft ist es nur ihre hohe Geburt, die sie erhoben hat. Die Abtei ist voll von Königen und Königinnen, Herzögen und Prinzen. Das Licht fällt auf die goldenen Adelskronen, und ein wenig Gold ist auch in den Falten ihrer zeremoniellen Gewänder hängen geblieben. Immer noch leuchten Reste von Rot und Gelb aus den Wappenschildern, den Löwen und Einhörnern. Aber Westminster hat noch ein anderes machtvolles Königtum aufzuweisen: Hier sind die toten Dichter versammelt – immer noch gedankenversunken wägen sie ab, stellen die Frage nach dem Sinn des Lebens. »Das Leben ist ein Scherz, jedwedes Ding beweist es. Ich dachte es mir einst, jetzt weiß ich es.« Fröhliches Gelächter. Chaucer, Spencer, Dryden und die Übrigen scheinen immer noch mit hellwachem Bewusstsein zu lauschen, wenn der glattrasierte Geistliche in seiner blitzsauberen, rot-weißen Robe zum abertausendsten Mal die Forderungen der Bibel anstimmt.

Seine Stimme tönt kraftvoll und entschieden durch das Gebäude, und wenn es nicht respektlos wäre, könnte man meinen, dass Gladstone und Disraeli gerade dabei wären, über die eben vorgetragene Verlautbarung – dass nämlich Kinder ihre Eltern ehren sollen – abstimmen zu lassen. Jeder Einzelne in dieser erlauchten Versammlung hat seinen eigenen Kopf und Willen. Der Kirchenraum hallt wider von hocherhobenen Stimmen, sein Frieden wird von emphatischen Gesten und charakteristischen Attitüden gestört. Nicht ein Zoll seiner Wände, der nicht spricht, fordert, etwas darstellt. Könige und Königinnen, Dichter und Staatsmänner spielen noch immer ihre Rollen, es ist ihnen nicht gestattet, in aller Stille zu Staub zu zerfallen. In lebhafter Auseinandersetzung – mit geballten Fäusten und leicht geöffneten Lippen, mit dem Reichsapfel in der einen und dem Zepter in der anderen Hand – erheben sie sich nach wie vor über den Ablauf und die Vergeblichkeit des durchschnittlichen menschlichen Lebens, so als hätten wir sie gezwungen, unseretwegen aufzustehen und zu bezeugen, dass die menschliche Natur gelegentlich über das zufällige demokratische Durcheinander der Straße hinauswachsen kann. Gebannt, ja, wie erstarrt stehen sie da und erleiden eine glanzvolle Kreuzigung.

Wohin sonst kann man in London gehen, um Frieden und die Gewissheit zu finden, dass die Toten zur Ruhe gekommen sind und schlafen? Schließlich ist London eine Gräberstadt. Und zugleich ist es eine Großstadt im rasenden Schwung der menschlichen Existenz: Sogar St. Clement Danes, dieser verehrungswürdige alte Steinhaufen inmitten des »Strand«, ist all seiner friedlichen Vorzüge beraubt worden: der Trauerweiden, der wehenden Gräser, die noch der bescheidensten Dorfkirche zustehen. Omnibusse und Lastwagen haben ihn längst um diesen rechtmäßigen Besitz gebracht. Wie eine Insel

im Meer steht die Kirche da, mit nur einem schmalen Pflaster-
streifen rundum. Und überdies hat St. Clement Danes noch
Pflichten den Lebenden gegenüber. Lautstark, durchdringend, überschwänglich, wenn auch mit einer vom Rost der
Jahrhunderte etwas heiseren Stimme nimmt sie teil am Glück
von zwei Sterblichen. Eine Hochzeit ist im Gange. Den ganzen
»Strand« hinunter dröhnt St. Clement Danes dem Bräutigam
in Frack und grauen Hosen, den Brautjungfern in Weiß und
schließlich der Braut, deren Wagen sie bis vor das Kirchen-
portal fährt, ihr Willkommen entgegen. Und schon ist sie
ausgestiegen und in den schimmernden Wogen ihres weißen
Hochzeitsstaats im dunklen Innern der Kirche verschwunden,
um ihren ehelichen Schwur unter dem Lärmen der Omnibusse abzulegen; während draußen die Tauben verängstigt ihre
Kreise ziehen und Gladstones Statue wie ein Felsen dicht von
Möwen und nickenden, winkenden, begeisterten Schaulusti-
gen besetzt ist.

Vielleicht die einzigen wirklich friedvollen Orte in der
ganzen Innenstadt sind die alten Kirchhöfe, die zu Gärten
und Spielplätzen geworden sind. Die Grabsteine dienen nicht
mehr dazu, die einzelnen Gräber zu bezeichnen, ihre weißen
Tafeln säumen die Mauern. Hier und da übernimmt ein schön
gearbeitetes Grabmal den Part einer Gartenskulptur. Blumen
hellen die Rasenflächen auf, und unter den Bäumen stehen
Bänke, auf denen Mütter und Kindermädchen sitzen, während
die Kinder ungestört Reifen rollen lassen und Himmel und
Hölle spielen. Hier könnte man sitzen und *Pamela* von Anfang
bis Ende durchlesen. Hier könnte man die ersten Frühlings-
tage oder die letzten Herbsttage sanft dahindösen, ohne die
Unruhe der Jugend oder die Traurigkeit des Alters allzu heftig zu spüren. Denn hier schlafen die Toten in Frieden; sie beweisen nichts, sie bezeugen nichts, sie fordern nichts, außer
dass wir den Frieden genießen, den ihre alten Knochen uns

anbieten. Ohne zu zaudern, haben sie das menschliche Recht auf besondere Namen und Tugenden aufgegeben. Aber sie haben keinen Grund, deshalb traurig zu sein. Wenn der Gärtner seine Knollen setzt oder Gras aussät, blühen sie wieder auf und bedecken den Boden mit einem weichen, grünen Rasen. Hier klatschen die Mütter ein wenig mit den Kindermädchen; Kinder spielen; und der alte Bettler streut – nachdem er seine Mahlzeit aus der Papiertüte gegessen hat – den Spatzen die Krumen hin. Diese Friedhofsgärten sind die friedlichsten unter Londons heiligen Stätten, und ihre Toten sind die stillsten.

Der größte Augenblick aller Zeiten –
Liverpool gegen Arsenal

Nick Hornby

In all der Zeit, in der ich Fußballspiele besucht habe, dreiundzwanzig Spielzeiten, haben nur sieben Teams die Meisterschaft in der ersten Division gewonnen: Leeds United, Everton, Arsenal, Derby County, Nottingham Forest, Aston Villa und, überwältigende elf Mal, Liverpool. Während meiner ersten fünf Jahre holten sich fünf verschiedene Mannschaften den Titel, deshalb erschien es mir damals, als wäre der Ligatitel etwas, das dir von Zeit zu Zeit über den Weg läuft, auch wenn du möglicherweise darauf warten musst. Aber als die Siebziger kamen und gingen, und dann die Achtziger, begann mir zu dämmern, dass Arsenal den Ligatitel vielleicht nie mehr in meinem Leben gewinnen würde. Das ist nicht so melodramatisch, wie es klingt. Die Fans von Wolverhampton, die 1959 ihre dritte Meisterschaft in sechs Jahren feierten, werden kaum vorausgesehen haben, dass ihr Team einen großen Teil der nächsten dreißig Jahre in der zweiten und dritten Division verbringen würde; Anhänger von Manchester City, die vierzig waren, als die Blauen 1968 zum letzten Mal Meister wurden, sind jetzt über siebzig.

Wie bei allen Fans war die überwältigende Mehrzahl der Spiele, die ich gesehen habe, Ligaspiele. Und da Arsenal meistens nach Weihnachten kein wirkliches Interesse am Ligatitel gehabt hat und auch nie kurz vor dem Abstieg stand, würde ich schätzen, dass rund die Hälfte dieser Spiele bedeutungslos war, zumindest in dem Sinne, in dem Sportjournalisten von bedeutungslosen Spielen sprechen. Es gibt keine zerkauten Fingernägel und keine zerkauten Fingerknöchel und keine verzerrten Gesichter; dein Ohr wird nicht wund, weil es nicht fest an ein Radio gepresst wird bei dem Versuch, zu erfahren, wie es Liverpool ergeht; in Wahrheit stürzt dich das Ergebnis weder in Täler der Verzweiflung, noch lässt es dich ekstatische Anfälle haben, die dir die Augen aus dem Kopf treiben. Irgendwelche Bedeutungen, die derartige Spiele bekommen, werden ihnen eher von dir als von der Tabelle verliehen.

Und nach vielleicht zehn solchen Jahren wird die Meisterschaft etwas, woran du entweder glaubst oder nicht glaubst, etwas wie Gott. Du räumst ein, dass es natürlich möglich ist, und du versuchst die Ansichten derer zu respektieren, die es geschafft haben, sich den Glauben zu bewahren. Etwa zwischen 1975 und 1989 hatte ich den Glauben verloren. Ich hoffte, zu Anfang einer jeden Saison; und einige Male – Mitte der Saison 86/87 zum Beispiel, als wir acht oder neun Wochen oben standen – wurde ich fast aus meiner Agnostiker-Höhle gelockt. Doch im Innersten meines Herzens wusste ich, dass es nie geschehen würde, so wie ich als kleiner Junge wusste, dass sie kein Gegenmittel gegen den Tod finden würden, bevor ich alt würde.

1989, achtzehn Jahre nachdem Arsenal zum letzten Mal den Ligatitel gewonnen hatte, erlaubte ich mir zögernd und törichterweise zu glauben, dass es tatsächlich möglich sei, dass Arsenal die Meisterschaft holen könnte. Von Januar bis Mai war die Mannschaft an der Spitze der ersten Division; drei Spieltage vor Schluss der durch Hillsborough in die Länge gezogenen Saison lag sie fünf Punkte vor Liverpool, das noch ein Spiel nachzuholen hatte. Die allgemein anerkannte Expertenmeinung war, dass Hillsborough und die damit verbundenen Belastungen es Liverpool unmöglich machen würden, Arsenal noch abzufangen, und zwei unserer drei Spiele waren zu Hause gegen schwächere Teams. Das andere war auswärts gegen Liverpool, ein Spiel, das die Saison der ersten Division beschließen würde.

Kaum war ich jedoch ein wieder geborenes Mitglied der Kirche der Meistergläubigen der letzten Tage, als Arsenal einen katastrophalen Einbruch hatte. Wir verloren – kläglich – zu Hause gegen Derby; und im letzten Spiel in Highbury gegen Wimbledon verschenkte Arsenal zweimal die Führung und spielte gegen ein Team 2:2 unentschieden, das es am ersten Spieltag der Saison 5:1 vernichtet hatte. Noch nach dem Spiel gegen Derby konnte ich mich mit meiner Freundin wegen einer Tasse Tee streiten, aber nach der Partie gegen Wimbledon empfand ich nicht mal mehr Wut, nur eine erstarrte Enttäuschung. Zum ersten Mal verstand ich die Frauen in Seifenopern, die in ihrer Vergangenheit von Liebesaffären zerstört worden sind und es sich selbst nicht *erlauben* können, sich erneut in jemanden zu verlieben. Ich hatte das alles vorher nie als eine Sache angesehen, bei der man eine Wahl hat, aber jetzt hatte ich eine neue Erfahrung gemacht: Ich hatte mich schutzlos ausgeliefert, wo ich doch hart und zynisch hätte bleiben können. Ich würde nicht zulassen, dass mir das noch einmal passierte, nie und nimmer, und ich war ein Narr gewesen, ich wusste das jetzt, genauso wie ich wusste, dass ich Jahre brauchen würde, mich von der schrecklichen Enttäuschung zu erholen, es fast geschafft zu haben, um dann doch noch zu versagen.

Es war noch nicht ganz vorbei. Liverpool hatte noch zwei Spiele, gegen West Ham und gegen uns, beide in Anfield. Weil die zwei Teams so dicht beieinander lagen, waren die rechnerischen Möglichkeiten eigenartig verschlungen: Egal mit wie viel Toren Unterschied Liverpool West Ham schlug, Arsenal brauchte die Hälfte dieses Torunterschieds. Falls Liverpool 2:0 gewann, mussten wir 1:0 gewinnen und so weiter. Letztlich gewann Liverpool 5:1, was bedeutete, dass wir einen Sieg mit zwei Toren Unterschied brauchten: »SELBST BETEN HILFT NICHT MEHR, ARSENAL«, war die Schlagzeile auf der letzten Seite des *Daily Mirror*.

Ich war in Anfield nicht dabei. Die Partie sollte ursprünglich früher in der Saison stattfinden, zu einer Zeit, in der ihr Ausgang nicht so entscheidend gewesen wäre, und als klar war, dass dieses Spiel die Meisterschaft entscheiden würde, war es längst ausverkauft. Am Morgen ging ich runter nach Highbury, um ein neues Mannschaftstrikot zu kaufen, einfach weil ich das Gefühl hatte, etwas unternehmen zu müssen, und auch wenn ein Trikot vor dem Fernseher zu tragen zugegebenermaßen der Mannschaft auf den ersten Blick nicht gerade eine riesige Menge Aufmunterung zu geben versprach, wusste ich, dass ich mich besser fühlen würde.

Schon mittags, ganze acht Stunden vor dem abendlichen Anstoß, waren Dutzende von Bussen und Autos in der Gegend um das Stadion, und auf dem Heimweg wünschte ich jedem, der mir über den Weg lief, viel Glück. Ihre Zuversicht (»Drei-eins«, »Zwei-null, kein Problem«, selbst ein unbeschwertes »Vier-eins«) an diesem schönen Maimorgen stimmte mich traurig für sie, so als ob diese munteren und tapfer zuversichtlichen jungen Männer und Frauen auf dem Weg an die Somme wären, ihr Leben zu verlieren, und nicht nach Anfield, um schlimmstenfalls ihren Glauben zu verlieren.

Nachmittags ging ich zur Arbeit, und mir war vor lauter Nervenanspannung unwillkürlich schlecht. Nach der Arbeit suchte ich einen Freund auf, der auch Arsenalfan ist und dessen Haus nur eine Straße von der Nordtribüne entfernt ist, um das Spiel anzusehen. Alles an dem Abend war denkwürdig, schon von dem Moment an, als die Mannschaften auf den Rasen kamen und die Arsenalspieler hinüber zum Kop rannten und einzelnen Menschen in der Menge Blumensträuße schenkten. Und als mit fortschreitender Spieldauer deutlich wurde, dass Arsenal sich nicht kampflos ergeben würde, fiel mir auf, wie genau ich die Spieler meines Teams kannte, ihre Gesichter, ihre Eigenheiten, und wie sehr ich jeden von ihnen mochte. Mersons Lächeln mit Zahnlücke und seine schmuddelige Soul-Boy-Frisur, Adams' tapfere und liebenswerte Bemühungen, mit seinen eigenen Unzulänglichkeiten zurechtzukommen, Rocastles aufgeplusterte Eleganz, Smith' reizenden Eifer … ich spürte tief in mir, dass ich ihnen verzeihen konnte, so nahe dran gewesen zu sein und es dann doch verbockt zu haben. Sie waren jung, und sie hatten eine fantastische Saison gespielt, mehr kann man als Anhänger wirklich nicht verlangen.

Ich war aufgeregt, als wir gleich zu Beginn der zweiten Hälfte trafen, und war von Neuem aufgeregt, als Thomas ungefähr zehn Minuten vor Schluss eine klare Chance hatte und Grobbelaar anschoss, aber Liverpool schien am Ende stärker zu werden und erspielte sich Chancen, und schließlich – die Uhr in der Ecke des Bildschirms zeigte an, dass neunzig Minuten vorbei waren – bereitete ich mich darauf vor, ein tapferes Lächeln für ein tapferes Team aufzubringen.

»Wenn Arsenal die Meisterschaft verlieren muss, nachdem es zeitweise einen solchen Vorsprung hatte, ist es irgendwie ausgleichende Gerechtigkeit, dass die Mannschaft am letzten Tag ein gutes Ergebnis erzielt, auch wenn es nicht zum Titelgewinn reicht«, sagte Co-Kommentator David Pleat, als Kevin Richardson wegen einer Verletzung behandelt wurde und der Kop bereits am Feiern war. »Sie werden das als einen schwa-

chen Trost empfinden, möchte ich annehmen, David«, erwiderte Brian Moore. In der Tat ein schwacher Trost – für uns
alle.

Richardson erhob sich schließlich, zweiundneunzig Minuten waren mittlerweile verstrichen, und brachte gegen John
Barnes sogar ein Tackling im Strafraum zustande; dann schob
Lukic den Ball raus zu Dixon, Dixon unvermeidlicherweise
weiter zu Smith, der legte glänzend ab … und plötzlich, in
der letzten Minute des letzten Spiels der Saison, war Thomas
durch, ganz allein, mit der Chance, die Meisterschaft für Arsenal zu holen. »Jetzt haben sie es in der Hand«, schrie Brian
Moore; und selbst dann merkte ich, dass ich mich zügelte –
ich hatte ja gerade erst gelernt, wie wichtig verhärtete Skep-
sis war –, und dachte, na gut, wenigstens waren wir am Ende
nahe dran, statt zu denken, bitte Michael, bitte Michael, bitte
hau ihn rein, bitte Gott, lass ihn treffen. Und dann schlug er
einen Salto, und ich lag flach auf dem Boden, und jeder im
Wohnzimmer sprang auf mich drauf. Achtzehn Jahre, in einer
Sekunde weggeblasen.

Mit was ist ein Moment wie dieser zutreffend zu vergleichen?
In Pete Davies' ausgezeichnetem Buch über die Weltmeister-
schaft 1990, *All Played Out,* stellt er fest, dass die Spieler sexu-
elle Bilder verwenden, wenn sie zu erklären versuchen, was sie
fühlen, wenn sie ein Tor erzielen.

Das Problem mit dem Orgasmus als Metapher ist in diesem
Fall, dass der Orgasmus, obwohl offenkundig angenehm, vertraut ist, wiederholbar (innerhalb von ein paar Stunden, wenn
du dein Grünzeug gegessen hast) und vorhersehbar, besonders für einen Mann – wenn du Sex hast, weißt du sozusagen,
was kommt. Vielleicht wenn ich achtzehn Jahre lang keinen
Geschlechtsverkehr gehabt und die Hoffnung aufgegeben
hätte, es in den nächsten achtzehn Jahren zu tun, und dann

plötzlich, aus heiterem Himmel, bietet sich eine Gelegenheit … vielleicht wäre es unter diesen Umständen möglich,
den Augenblick in Anfield annähernd wiederzuerleben. Auch
wenn kein Zweifel besteht, dass Sex eine nettere Beschäfti-
gung als der Besuch von Fußballspielen ist (keine 0:0-Unent-
schieden, keine Abseitsfalle, keine Pokalüberraschungen, und
dir ist warm), sind die Gefühle, die er bei üblichem Ablauf der
Dinge erzeugt, einfach nicht so intensiv wie die, die das ein-
malige Erlebnis eines in der letzten Minute erzielten und für
die Erringung der Meisterschaft entscheidenden Tores her-
vorruft.

Keiner der Augenblicke, die Menschen als die schönsten in
ihrem Leben beschreiben, scheint mir vergleichbar zu sein.
Die Geburt von Kindern muss außerordentlich bewegend
sein, aber sie hat nicht wirklich das entscheidende Element
der Überraschung und dauert in jedem Fall zu lange; die Erfüllung persönlicher Wünsche – Beförderungen, Ehrungen,
was weiß ich – hat nicht das In-letzter-Minute-Zeitmoment
und auch nicht das Element der Machtlosigkeit, die ich an
jenem Abend empfand. Und was gibt es sonst, dass theore-
tisch diese Plötzlichkeit bieten kann? Vielleicht ein riesiger
Lottogewinn, doch das Gewinnen von großen Geldsummen
betrifft einen völlig anderen Teil der Psyche und hat nichts
von der gemeinschaftlichen Ekstase beim Fußball.

Es gibt also buchstäblich nichts, um es zu beschreiben. Ich
habe alle verfügbaren Alternativen erschöpft. Ich kann mir
nichts anderes ins Gedächtnis rufen, das ich zwei Jahrzehnte
lang begehrt habe (gibt es etwas anderes, das vernünftiger-
weise so lange begehrt werden kann?), noch kann ich mich
an irgendwas anderes erinnern, dass ich mir sowohl als Junge
als auch als Mann sehnlichst gewünscht habe. Also seid bitte
denen gegenüber tolerant, die einen Augenblick im Sport als
ihren schönsten Augenblick überhaupt beschreiben. Uns fehlt

weder die Fantasie, noch haben wir traurige, leere Leben; es ist nur so, dass das wirkliche Leben blasser, glanzloser ist und weniger Potenzial für unerwartete Raserei enthält.

Als der Schlusspfiff ertönte (nur einen weiteren, das Herz zum Stillstand bringenden Moment später, als Thomas sich umdrehte und einen erschreckend lässigen Rückpass zu Lukic spielte, vollkommen sicher, bloß mit einer Kaltblütigkeit, die ich nicht empfand), rannte ich schnurstracks zur Tür hinaus, zum Wein- und Spirituosenladen in der Blackstock Road. Ich streckte meine Arme aus wie ein kleiner Junge, der Flugzeug spielt, und als ich die Straße hinabflog, kamen alte Damen an die Tür und spendeten meinem Lauf Beifall, als ob ich Michael Thomas persönlich wäre; und dann wurde ich, wie mir später aufging, beim Kauf einer Flasche billigen Champagners von einem Ladenbesitzer, der sehen konnte, dass das Licht der Intelligenz komplett aus meinen Augen verschwunden war, böse ausgenommen. Ich konnte Freudenrufe und Schreie aus Pubs, Läden und Häusern um mich herum hören. Und als Fans begannen, sich am Stadion zu versammeln, manche in Banner gehüllt, manche auf hupenden Autos sitzend, jedermann Fremde bei jeder Gelegenheit umarmte, das Fernsehen auftauchte, um die Party für die Spätnachrichten zu filmen, und Clubverantwortliche sich aus Fenstern beugten, um der Menge zuzuwinken, ging mir durch den Kopf, dass ich froh war, nicht oben in Anfield gewesen zu sein und diese ausgelassene, fast südländische Explosion auf meiner Türschwelle nicht verpasst zu haben. Nach einundzwanzig Jahren hatte ich nicht mehr das Gefühl, das ich im Double-Jahr gehabt hatte, dass ich kein Recht hatte, an den Feierlichkeiten teilzunehmen, wenn ich nicht bei den Spielen war; ich hatte die Arbeit verrichtet; viele, viele Jahre lang, und ich gehörte dazu.

Weiße Fahrräder – Die Swinging Sixties

Joe Boyd

Die Sechziger begannen im Sommer 1956, endeten im Oktober 1973 und hatten während eines Auftritts von Tomorrow im Londoner UFO-Club kurz vor Sonnenaufgang des 1. Juli 1967 ihren Höhepunkt.

Die wöchentlichen UFO-Veranstaltungen, die John Hopkins und ich im Blarney Club, einer irischen Dance Hall in der Tottenham Court Road, kurz vor Weihnachten 1966 ins Leben gerufen hatten, waren schnell zum Mittelpunkt des psychedelischen London geworden. Im April war unsere Hausband – Pink Floyd – eine Nummer zu groß geworden für uns, und so hielt ich dauernd Ausschau nach neuen Bands. Eines Abends im Blaises Club sah ich Tomorrow und fand sie ziemlich gut. Am 19. Mai gaben sie ihr UFO-Debüt. Es war Liebe auf den ersten Blick zwischen ihnen und unserem Publikum. Steve Howe, der später mit Yes berühmt und reich werden sollte, spielte Gitarre; Twink, eine Schlüsselfigur in der Entstehungsgeschichte des Punk, saß am Schlagzeug. Keine Ahnung, was aus Junior geworden ist, dem Bassisten, aber mit seinem durchgeknallten Blick, seinem Ihr-könnt-mich-allemal-Auftreten und seinem Netzhemd war er ein wesentlicher Faktor ihrer Anziehungskraft. Der Sänger Keith West, der im Sommer mit *Excerpt From A Teenage Opera, Part 1* (»Grocer Jack, Grocer Jade, please come back ...«) einen Solohit gehabt hatte, gab sich alle Mühe, seine Popstar-Attitüde durchzuhalten, während die Band sich in eine völlig andere Richtung entwickelte. Ihr neues Erkennungsstück hieß *My White Bicycle,* eine Huldigung an die kostenlosen weißen Fahrräder der revolutionären »Provos« in Amsterdam, Howes Soli wurden immer länger, Twinks Schlagzeugspiel wurde immer wilder.

Ein oder zwei Monate früher wäre ich nie auf die Idee gekommen, in den Blaises Club zu gehen, und Tomorrow hätten wahrscheinlich noch nie vom UFO-Club gehört. In jenem Frühling nahm alles Fahrt auf: Es gab neue Drogen und neue Mode, neue Musik und neue Clubs. Der psychedelische Underground und die Popszene fingen an, sich zu überschneiden. Jede Woche kamen mehr Leute ins UFO, und es wurde immer schwerer, die ursprüngliche Atmosphäre aufrechtzuerhalten. Auch wurde es schwierig, die zunehmende Aufmerksamkeit durch die Polizei zu ignorieren: Je länger die Schlangen wurden, desto öfter wurden Gäste gefilzt und eingebuchtet.

Hoppy bediente die Lightshow, legte zwischen den Auftritten Platten auf, führte morgens um drei Samurai-Filme von Kurosawa vor und sorgte überall im Club dafür, dass alles glattlief, während ich mich in der Nähe des Eingangs aufhielt und das Geld einsackte. Wollten zivile Polizisten einen Blick ins Innere werfen, machte ich sie mit unserer Hausordnung vertraut: kein Durchsuchungsbefehl, kein Zutritt. (Natürlich konnten wir nicht verhindern, dass sie einfach zahlten und sich unter die Leute mischten; auf unseren Veranstaltungsplakaten warben wir oft mit einem »Find den Bullen«-Wettbewerb.) Mr Gannon, der Besitzer des Blarney Club, hielt das Problem mit der Kiste Whiskey, die er alljährlich zu Weihnachten ins Polizeirevier Goodge Street liefern ließ, für ausreichend geregelt.

Ein paar Wochen vor Tomorrows nächstem Konzert am 30. Juni tauchte ein uniformierter Bobby auf und fragte, ob er die Garderobe eines Mannes abholen könne, der sich bei ihnen in Gewahrsam befinde. Das hörte sich logisch an: Eine halbe Stunde vorher war ein nackter Bursche an mir vorbei die Treppe hochgerannt und hinaus in die Nacht gestürzt. Hoppy und ich waren der Meinung, dass das eine Ausnahme rechtfertige, und sagten den Gästen, dass wir jetzt einen Bullen hereinlassen würden, der ein paar Kleidungsstücke suche, und dass wir die Deckenbeleuchtung anmachen würden. Murren und Buhrufe. Als die Leute zurücktraten und einen großen Kreis bildeten, kamen auf dem Boden diverse Kleidungsstücke zum Vorschein. Der junge Bobby errötete, als er sich die Leute anschaute, die einen bunten Querschnitt zum Thema »Londoner Freaks im Mai '67« abgaben: Jungs mit langen Haaren, Mädchen mit Blumenkleidern, arabische oder indische Blusen und Hemden, einige Kaftans, Jeans, sogar ein paar weiße Hemden und Khakihosen. Viele waren auf LSD, die meisten lachten oder grinsten.

Das Gelächter wurde lauter, als offensichtlich wurde, dass das, was der Bobby hastig eingesammelt hatte, mehr als genug war, um seinen Gefangenen anständig einzukleiden: zwei oder drei Teile Unterwäsche (Geschlecht unbestimmt), ein paar Hemden, ein BH, mehrere Socken etc. Während der Constable aus der Arbeiterklasse zum Ausgang ging, betrachtete er uns mit einem Blick, aus dem Verwunderung sprach, nicht Hass. Uns wiederum tat es leid, dass er nicht begreifen konnte, warum wir Drogen nahmen und unter bunten Lichtern tanzten, warum wir für den Augenblick lebten und unsere Mitmenschen mit wohlwollender Toleranz, ja sogar Liebe betrachteten. So jedenfalls lautete die Theorie. Den

Beweis auf ihre Tauglichkeit blieb sie in den folgenden Jahren allerdings schuldig, auch wenn die Kumpels des Bobbys anfingen, Kaftane zu tragen, Joints zu bauen und zu Popfestivals zu pilgern.

Eric von Schmidt war der erste Mensch, den ich kannte, der Halluzinogene nahm. (Erics Foto ist auf dem Cover von Dylans *Bringing It All Back Home* zu sehen, auf einer der Plattenhüllen, die zwischen Sally Grossman und Dylan auf dem Sofa liegen. Außerdem leitet Dylan auf seiner ersten LP ein Lied mit den Worten ein: »Den Song hab ich von Ric von Schmidt.«) In Erics Wohnung in der Nähe vom Harvard Square trafen von Moore's Orchid Farm aus Texas regelmäßig Pakete mit Peyoteknospen ein. Die hat er in einem Topf zu einem Sud aufgekocht und zusammen mit Freunden getrunken. Erst haben sie ein paar LPs auf den Plattenwechsler gestapelt – Ali Akbar Khan, Lord Buckley, Chopin, die Swan Silvertones, Lightnin' Hopkins –, dann haben sie das Gebräu getrunken und gehofft, dass ihnen nicht zu schlecht wird. Wenn man das Zeug nicht bei sich behalten konnte, dann hatte man – laut Eric – das High nicht verdient, man ruhte dann noch nicht ausreichend in sich selbst. Die Erfahrung war für eine intellektuelle und spirituelle Elite bestimmt, nicht für die Masse (obwohl er das sicher so nie gesagt hätte).

Die Marktmechanismen sind natürlich zu effizient, als dass sich Transzendenz auf Leute beschränken ließe, deren Mägen Peyote vertragen. Ein paar Häuser weiter in der gleichen Straße befand sich 1962 das Labor von Professor Timothy Leary, der im *Harvard Crimson* per Anzeige Freiwillige suchte, die für einen Dollar die Stunde LSD nahmen, und der dazu ausersehen war, der Johnny Appleseed der Halluzinogene zu werden. 1967 konnte man zwar immer noch reine, starke LSD-Tabs bekommen, aber gepanschte, mit Amphetamin versetzte Mischformen begannen, sich in großem Stil auszubreiten. Kaum jemand kümmerte sich darum, wohin dieses Experiment führen könnte.

Im Juni des gleichen Jahres gab ein Reporter der *News of the World* Scotland Yard den Tipp, dass im Haus von Keith Richards eine »Drogen-und-Sex-Orgie« stattfinden würde, und wurde dafür während der Razzia mit einem Platz in der ersten Reihe belohnt. Die Geschichte wurde zum Stoff für Legenden: Mars-Riegel, Dreier, Marianne Faithfull nackt unter einem Fellteppich usw. – Symbol außer Rand und Band geratener Dekadenz. Die bis dahin mit einem Augenzwinkern über »Swinging London« berichtenden Medien schalteten um und suhlten sich von nun an in Horrorgeschichten über irregeleitete Teenager. In jenem Monat war *Sgt Pepper* der Soundtrack der Welt, und einflussreiche Figuren des Establishments waren entsetzt über die möglichen Folgen der offen zur Schau getragenen Vorliebe einflussreicher Popstars für Drogen.

Für das UFO-Publikum bedeutete die Razzia ein finsteres Komplott von auflagengeilen Redakteuren, hinterhältigen Spitzeln und Drogendezernaten, die ihnen den Spaß verderben wollten. Jagger und Richards waren vielleicht reiche Superstars, sie waren aber auch Helden der Gegenkultur. In jenem Frühling war auch Happy hochgenommen und kurz zuvor zu acht Monaten im Gefängnis Wormwood Scrubs verurteilt worden (ein Zivilpolizist hatte hinter sein Sofa gegriffen und wundersamerweise einen beweiskräftigen Volltreffer hervorgezaubert). Anzeigen und Leitartikel in der *International Times*, Plakate rund ums UFO und Graffiti in Notting Hill Gate sorgten dafür, dass niemand das Unrecht vergaß. Im Club wurde ein Kübel herumgereicht, das gesammelte Geld ging an einen Rechtshilfefonds für die Opfer von Drogenrazzien.

An einem Freitag, kurz bevor Tomorrow die Bühne betraten, unterhielt ich mich mit Twink und einigen Gästen; Die Gefängnisstrafe für Happy machte uns wütend, und das Verhalten der *News of the World* brachte das Fass zum Überlaufen. Wir beschlossen, den Club nach dem ersten Set zu schließen, durchs West End in die Fleet Street zu marschieren und vor dem Gebäude der *News of the World* unserem Protest Luft zu machen. Das West End freitagnachts um eins war nicht annähernd so quirlig wie heute, aber es waren doch ziemlich viele »Normalos« unterwegs, die uns mit offenem Mund anstarrten, als wir via Piccadilly Circus Richtung Leicester Square und dann durch Covent Garden zur Fleet Street zogen. Am Ziel wartete eine Enttäuschung auf uns: Der *News-of-the-World*-Bau lag dunkel und still da. Die Feuerköpfe in unserer Truppe schmiedeten sofort Pläne für die kommende Nacht, um mit einer Attacke auf die Kleinlaster des Verlags die Auslieferung der Sonntagsausgabe zu verhindern.

Der lange Fußmarsch durch die Nacht, die feindseligen Blicke der »Normalos« und die Drohungen durch die Polizei hatten jeden so aufgeputscht, dass der gerammelt volle Club vor Energie vibrierte, als Tomorrow schließlich um vier Uhr morgens die Bühne betraten. Das Gefühl der Einheit zwischen Publikum und Musikern war überwältigend: Twink war der Anführer einer zweihundert Mann starken Truppe. Als sie sich über *White Bicycle* hermachten, klangen sie bissiger als jemals zuvor. Irgendwann übernahm Skip von den Pretty Things die Schlagstöcke, während Twink sich mit dem Mikro in der Hand ins Publikum stürzte. Howes Spiel erreichte eine neue Ebene der Intensität, die Tanzenden hüpften in den Lichtkegeln, und Twink kroch auf dem Boden herum, umarmte Menschen und skandierte »Revolution, Revolution«. Alle waren high – von chemischen Substanzen oder Adrenalin oder beidem. Wir glaubten es wirklich: »Wenn die Musik sich verändert, dann erzittern die Mauern der Stadt.« Der Lauf der

Geschichte war mit uns, und die Musik war der Schlüssel. Die Rechnung für diesen glorreichen Augenblick bekamen wir einen Monat später präsentiert. Möglich, dass die *News of the World* uns vor diesem Wochenende nicht gekannt hat, danach hat sie es ganz sicher. Die Früchte ihrer Intrigen prangten am letzten Julisonntag auf der Titelseite: Unter dem körnigen, unscharfen Foto eines nackten Busens kreischte die Bildunterschrift, dass das Mädchen fünfzehn Jahre alt sei und das Foto im UFO, der bekannten »Lasterhöhle der Hippies«, aufgenommen worden sei. Unser sonst so stoischer Vermieter knickte unter dem Druck der Polizei ein und warf uns raus.

Eine Schallplattenaufnahme mag große musikalische Augenblicke bewahren, die Energie sozialer und kultureller Kräfte kann sie nicht einfangen. Ohne es zu wissen, hatten wir uns gerade in eine Schussfahrt ins Tal gestürzt, die um die gleiche Zeit auch in New York und San Francisco begann. Der »Agape«-Geist von '67 verdampfte in der Hitze von hässlichen Drogen, Gewalt und Kommerzialisierung und unter den Pressionen der Polizei. In Amsterdam wurden die weißen Fahrräder gestohlen und umgespritzt.

Eine teure Lektion
Buchi Emecheta

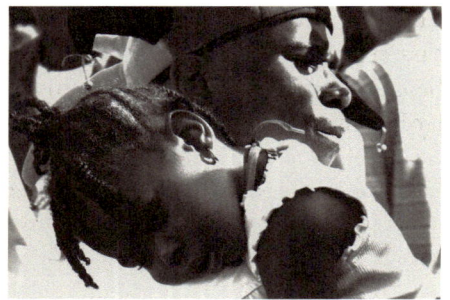

An einem schönen Julimorgen wachte Adah voller Müdigkeit auf. Viele Gründe hätte sie für diese ihre Müdigkeit anführen können: ihre Lebensbedingungen, die sie zusammengepfercht in einem halben Zimmer zu hausen zwangen; ihre ständige Sorge darüber, wie Vicky und Titi behandelt wurden, ihre Schwangerschaft. Zu allem Überfluss redeten sie und Francis nur noch wenig miteinander und auch nur dann, wenn es absolut notwendig war.

Sie begann, den Glauben an sich selbst zu verlieren. War ihr Traum, ins Vereinigte Königreich zu kommen, wirklich richtig gewesen, oder war sie einfach eine hoffnungslose Träumerin? Aber Francis war doch einverstanden gewesen. Was hatte sie nur falsch gemacht? Sie wünschte, dass ihr heimlicher Begleiter noch bei ihr wäre, um ihr einen Hinweis zu geben, aber er schien sie verlassen zu haben, seit sie in England angekommen war. War dieser Begleiter ihr Instinkt? In Nigeria war er sehr rührig gewesen. Kam das daher, dass sie in Nigeria Mutter Natur näher gewesen war? Sie wünschte nur, dass ihr jemand sagen könnte, wo sie unrecht gehabt hatte.

Mit dieser Schwere, die ähnlich der schweren Last des Christian in *The Pilgrim's Progress* war, stand sie widerstrebend auf. Sie blickte kurz auf ihren schnarchenden Ehemann, dessen behaarte Brust sich hob und senkte wie bewegte Wellen.

Sie wollte ihn schütteln und ihm sagen, wie müde sie war und wie es ihr widerstrebte, das Haus und die Kinder an diesem Tag zu verlassen, aber sie wusste, dass er ihr erstens nicht zuhören wurde und dass, selbst wenn er ihr zuhörte, er ihre Gefühle als puren Aberglauben abtun würde, genauso wie Cäsar den Traum seiner Frau über die Iden des März abgetan hatte.

Sie zog sich an, wusch die Kinder und machte ihnen das Frühstück. Das Klappern der Teller und Vickys Geschrei weckten Francis schließlich.

»Was soll der Lärm so früh am Morgen? Kann ich nicht einmal acht Stunden in Ruhe schlafen?«, fragte Francis wütend.

»Vicky will seine Reisflocken nicht. Ich weiß nicht, was heute Morgen mit ihm los ist. Er hat kein Fieber und nichts, regt sich nur über jede Kleinigkeit furchtbar auf«, erklärte Adah.

Francis sah seinen Sohn eine Weile an. Vicky stand in der Mitte des Zimmers; er machte vor Wut einen Schmollmund, und von seinem Lätzchen tropfte Milch. Francis seufzte und war kurz davor, sich auf die andere Seite zu drehen, als Adah sagte:

»Ich fühle mich heute Morgen so schwer und habe auch keinen Appetit. Könntest du nicht die Kinder zu Trudy bringen? Ich bin sowieso schon zu spät dran.«

»O Gott«, grummelte ihr Mann.

»Bringst du sie für mich hin?«, bettelte Adah.

»Hab’ ich eine andere Wahl?«, wollte Francis wissen.

Auf solche Fragen brauchte sie nicht zu antworten, entschied Adah, aber trotzdem war sie verärgert. Hätte Francis sie nicht mal fragen können, wie sie sich fühlte? War das zu viel verlangt? Sie befahl sich, nicht mehr so übertrieben romantisch zu sein und sich zu beruhigen. Kein Mann hatte Zeit, seine schwangere Frau so früh am Morgen zu fragen, wie sie sich fühlte. Das passierte nur in *Wahre Geschichten* und in *Wahre Romanzen,* nicht im wirklichen Leben, vor allem nicht mit Francis. Doch obwohl sie sich das einredete, wollte sie immer noch geliebt werden, sich verheiratet fühlen, das Gefühl haben, dass man sich um sie sorgte. Sie begann zu verstehen, warum manche junge Frauen schließlich untreu wurden, nur damit sie sich wie Menschen fühlten, nur um einen anderen Menschen zu finden, der ihrer Stimme zuhörte, der ihnen sagte, dass alles wieder gut würde.

Francis war nur zum Kindermachen zu gebrauchen, zu nichts anderem. Sie hatte Rachegefühle. Sie räumte den Frühstückstisch nicht ab, wechselte nicht Vickys tropfnasses Lätzchen, wischte ihm nicht den milchverschmierten Mund ab; sie zog nur ihre Tasche aus dem Berg Kinderkleider hervor und ging zur Tür, wollte gehen.

Da begann Vicky zu weinen, weil er sah, dass seine Mutter ihn verließ. Als er eilig nach ihrem Rockzipfel greifen wollte, verschüttete er noch mehr Milch auf den teppichlosen Boden. Adah lächelte innerlich. Francis stand ein arbeitsreicher Tag bevor.

Sie hob Vicky hoch, gurrte ihm beruhigend etwas zu und küsste ihn. Aber Vicky wollte sie nicht gehen lassen. Er hielt sich an ihr fest. Das war merkwürdig, dachte Adah. Vicky war ein zufriedenes, rundes Baby, das meistens zu Adah am Morgen nur »iedersen« sagte. Doch heute nicht. Adah setzte sich wieder und drückte ihn an sich, sang ihm etwas vor, und da kam das »iedersen«. Allerdings nur ein tränenreiches und widerwilliges. Er ging zur Tür, diesmal hielt er einen Teelöffel umklammert; immer noch hatte er sein tropfendes Lätzchen um. Um Titi dagegen brauchte sie sich keine Sorgen zu machen. Sie schien kaum zu bemerken, was um sie herum vorging. Sie schien sich völlig in die Unvermeidlichkeit des Ganzen gefügt zu haben. Sie schien sich zu sagen, dass Weinen nichts änderte und dass sie die Dinge so akzeptieren müsste, wie sie waren.

Adahs Gehalt reichte gerade, um die Miete, Francis' Kurs, seine Prüfungsgebühren, seine Bücher und Trudy, die Tagesmutter, zu bezahlen. Sonst blieb ihnen wenig, und deshalb war es für Adah unmöglich, in der Arbeit Mittag zu essen. Normalerweise nahm sie ein gekochtes Ei mit, anstatt es morgens zum Frühstück zu essen. Doch manchmal war sie es leid, nur ein gekochtes Ei zu essen und den Kaffee zu trinken, den es in der Bücherei gab, und dann aß sie nichts. Bei diesen Gelegenheiten spürte sie dann jene Art von Hunger, von dem sie gedacht hatte, sie hätte ihn hinter sich. Jener Hunger, der beide Seiten des Magens festhielt und ihn so zusammenpresste, dass man das Gefühl hatte, ohnmächtig zu werden. Manchmal greinte und rumorte ihr Magen vor Schmerz. Dieses Gemurmel in Adahs Magen störte sie jedes Mal unendlich. So etwas ging in Nigeria an, als sie Dienstbotin und Waise gewesen war, doch für eine selbstständige Frau und Mutter zweier Kinder war das unangenehm.

Während ihrer Mittagspause spürte sie, dass das Hungergefühl wieder anfangen wollte, sodass sie beschloss spazieren zu gehen. Draußen war es nass; der Personalraum war warm und gemütlich. Die Mädchen hatten sich schon hingesetzt und sprachen über ihre Eroberungen und wie immer über die Ehe. Sie stimmte ihnen zu, dass manche Ehen zum Glück führen konnten, da die Mädchen ohnehin nur von den glücklichen sprachen. Nun, ihre war nicht glücklich, obwohl sie immer noch glaubte, dass eine glückliche Ehe das ideale Leben für ein Mädchen war. Eines der Mädchen, Cynthia, war verlobt und ganz sicher, dass ihre Ehe klappen würde. Adah hatte ihr so oft beigepflichtet, dass sie an diesem Tag ihrem fröhlichen Geschnatter nicht länger zuhören konnte.

Normalerweise ging sie die Finchley Road entlang und schaute in die Restaurantfenster, an denen sie vorbeikam. Wenn Francis seinen Abschluss hatte und sie Bibliothekarin war, so sagte sie sich, würde er sie sicher in so ein Lokal zum Essen ausführen. Sie ahnte, dass dies in ihrem Fall nur ein Traum war. Selbst wenn Francis fertig werden sollte, brächte er nie den Mut auf, sie in ein Restaurant einzuladen, jedenfalls nicht in London, da er fest daran glaubte, dass solche Orte nicht für Schwarze gedacht waren. Adah wusste, dass seine Hautfarbe, das Gefühl, schwarz zu sein, sich fest in seinem Kopf eingenistet hatte. Sie wusste, dass es überall Diskriminierung gab, aber Francis' Kopf war auch ein fruchtbarer Boden, auf dem eine solche Haltung wachsen und gedeihen konnte. Sie persönlich wäre, wenn sie das Geld gehabt hätte, schnurstracks in so ein Restaurant gegangen, und sie war sicher, dass man sie bedient hätte. Doch was nützte es, wenn sie davon träumte, sie hatte das Geld nicht! Also weidete sie sich an dem ausgestellten Essen. Ihr lief das Wasser im Mund zusammen wie bei einem hungrigen Hund, und so wandte sie sich ab. Das Unwohlsein, das sie schon in der Frühe empfunden hatte, schien sich mit einer solchen Kraft wieder auf sie zu senken, dass sie glaubte, sich erbrechen zu müssen. Ohne besonderen Grund eilte sie in die Bücherei zurück. Wenn sie dort ankam, würde sie etwas trinken und sich ausruhen, bevor sie wieder anfing zu arbeiten. Gott sei Dank war es einer der Tage, an denen sie früher nach Hause gehen konnte. Sie würde um fünf fertig sein.

Sie traf Cynthia am Eingang der Bücherei, als diese sich eiligst bemühte, in ihren leichten Sommermantel zu kommen.

»Gott sei Dank, da bist du ja. Ich wollte dich gerade suchen.«

»Meine Kinder. Was ist mit ihnen? Geht es ihnen gut?«

»Woher weißt du das?« fragte Cynthia bestürzt. »Wer hat es dir gesagt?«, fragte sie weiter, während sie hinter Adah in die Bücherei trabte.

Ja, woher hatte sie es gewusst? Wie konnte eine Mutter einer anderen Frau, die nie ein Baby geboren hatte, erklären, dass sie manchmal in ihren Kindern lebte? Wie konnte sie erklären, dass, wenn ihr Sohn operiert wurde, ihr eigener Körper weh-tat, wie konnte Adah Cynthia sagen, dass sie beim Betrachten dieser Fischfrikadelle Vickys nasses schmerzverzerrtes Ge-sicht erblickt hatte, das sich im Fenster spiegelte? Sie müsste zu viel erklären, das sie nicht wusste. Zu viel über sich selbst, über ihr Wesen. Sie fühlte diese Dinge einfach.

Adah weinte nicht. Victor war in Gefahr, aber nicht tot, und so lange er lebte, würde Gott ihm helfen. Dann erfuhr Adah, was sie bereits gefühlt hatte. Trudy hatte angerufen, sagte sie; Vicky war sehr krank, und Trudy konnte ihn nicht ins Kran-kenhaus schicken und wartete darauf, dass Adah heimkam.

Mrs Konrad, Gott segne sie, fuhr sie zum Bahnhof. Adah rannte von der Kentish Town Station bis zu Trudys Haus. Vor der Tür wartete ein Krankenwagen. Eine kleine Menschen-menge hatte sich bereits angesammelt, die redete, diskutierte und Mutmaßungen anstellte. Sie alle kannten Adah, da sie vie-le Male gesehen hatten, wie sie die Kinder zu Trudy brachte. Titi sah sie mitleiderregend an, als sie nach hinten in Trudys Wohnzimmer lief.

Trudy hielt Vicky fest, wischte sein Gesicht mit einem Lum-pen ab, der so dreckig war wie ein alter Putzlappen. Sie tauchte den Lumpen in ebenso schmutziges Wasser und rieb damit Vickys Gesicht ab. So wollte sie seine Temperatur senken. Ein großer, kahlköpfiger Arzt stand mit der Tasche in der Hand da. Der indische Arzt, bei dem sich Francis und Adah ange-meldet hatten, war zu beschäftigt gewesen, und der große, kahlköpfige Mann in dem schwarzen Dreiteiler war seine Vertretung. Ungerührt sah dieser Arzt Trudy bei ihren Bemühungen zu, als ginge ihn das nichts an.

Als Adah hereinkam, hob Vicky die Hand und rief nach seiner Mutter. Er erkennt mich noch, dachte Adah, als sie ihn Trudy entriss. Sie hielt ihn fest, als könne sie so Gesundheit in den kranken Jungen einhauchen.

»Was ist mit ihm?«, fragte sie, zuerst den Arzt und dann Trudy. Als sie keine Antwort bekam, wandte sie sich an Miss Stirling, die nur dastand und die Hände rang. Wenn sie wussten, was los war, so wollten sie es nicht sagen.

»Der Krankenwagen wartet. Sie werden es bald wissen. Jetzt müssen wir ihn so schnell wie möglich ins Krankenhaus bringen«, ordnete der Arzt an.

Obwohl die Stimme des Arztes dringlich klang, war Vicky in Adahs Augen nicht sehr krank. Er war heiß, hatte fast vierzig Grad Fieber, doch Adah hatte nicht das Gefühl, dass Grund zur Panik bestand. Sie dachte, dass Vicky wahrscheinlich einen Malariaanfall hatte, was für sie so viel war wie eine gewöhnliche Erkältung. Malaria ließ das Fieber bei einem Kind steigen, und es sank wieder, sobald das Kind Nivaquine bekam. Das hätte sie ihm jedenfalls gegeben, wenn Vicky den Anfall zu Hause gehabt hätte. Soweit sie wusste und nach der Erfahrung, die sie mit Titi hatte, litten Kinder nur an Malaria. Warum also die ganze Panik? fragte sie sich. Jede Mutter konnte ein Kind von Malaria heilen, ohne den Krankenwagen zu rufen oder den Doktor zu holen, der nur dastand und zu nichts anderem fähig zu sein schien, als den Totenschein auszustellen.

»Vicky, sag ›Wiedersehen‹ zu Trudy«, sagte sie, als sie zur Tür gingen. Vicky winkte schwach und sang in seiner typischen Art ein »iedersen«.

Alle – Trudy, Miss Stirling und der Arzt – öffneten den

Mund, als wollten sie ihr sagen, dass das Baby zu schwach sei, um zu reden. Doch sie verstummten, als Vicky sprach. Adah triumphierte. Ihr Sohn hatte nur hohes Fieber, das war alles. Er würde nicht sterben, daran mussten sie sich eben gewöhnen. Sie kam sich vor wie Jesus, der seine sprachlosen Jünger damit verblüffte, dass er sagte: »Lazarus ist nicht tot, er schlief nur.«

Der große Arzt erkannte ihren Schmerz, ihre Furcht und berührte leicht ihre Schulter, als sie auf die Straße gehen wollte. »Ihr kleiner Sohn ist sehr krank. Ich weiß nicht, was es ist, aber ich bin sicher, dass sie im Royal-Free-Krankenhaus für ihn das Beste tun werden.«

Adah dankte ihm, doch sie war entschlossen, sich nicht unglücklich machen, sich nicht einreden zu lassen, sie hätte das Schlimmste zu erwarten. »Ich glaube, ich weiß, was es ist«, brüstete sie sich. »Ich glaube, es ist Malaria. Zu Hause in Nigeria bekommen die Kinder es so, wie Sie hier eine normale Erkältung haben.«

»Es kann auch etwas anderes sein«, warnte der Arzt, während er und die Sanitäter ihr in den Krankenwagen halfen.

Im Krankenwagen verwirrten sich ihre Gedanken. Ihr Gehirn machte ticktack, wie man in Yoruba sagt. Wenn jemand fieberhaft nachdachte, so sagte man, arbeite sein Hirn wie eine tickende Uhr. Sie fragte sich, was einem Kind fehlen konnte, das noch am Morgen »Wiedersehen« zu ihr gesagt hatte. Was könnte los sein, dass ein Krankenwagen und ein Arzt nötig wären? In Lagos musste man entweder ein Millionär oder der Verwandte eines Arztes sein, um seinen Besuch zu rechtfertigen. Er konnte nicht kommen, nur weil ein Kind Fieber hatte. Jetzt aber raste ein Krankenwagen mir ihr einfach so ins Royal-Free-Krankenhaus. Warum hieß es Royal Free? War es ein Krankenhaus für arme Leute, für Leute zweiter Klasse? Warum hatten sie das Wort »free« dazugesetzt?

Furcht umhüllte sie. Schickten sie ihren Vicky in ein Krankenhaus zweiter Klasse, in eines, das kostenlos war, nur weil sie Schwarze waren? O Gott, worauf hatte sie sich eingelassen? Vielleicht benutzten sie sogar ein Organ ihres Kindes, um das Leben eines anderen Kindes zu retten, das wahrscheinlich weiß war und reich und das man sicherlich in ein Krankenhaus steckte, in dessen Name kein »free« vorkam. Ein Krankenhaus, für das man zahlen musste. Adah glaubte nicht daran, dass etwas Gutes von etwas kommen konnte, für das man nicht zahlen musste. Sie betrachtete alles, was umsonst war, mit Argwohn und Zurückhaltung. In Nigeria musste man für die Behandlung zahlen. Je dicker der Geldbeutel, desto intensiver die Behandlung. Sie hatte nie von einem Ort gehört oder einen solchen gesehen, wo man einem Kind kostenlos so viel Aufmerksamkeit vonseiten der Erwachsenen zuteil werden ließ. Irgendwo musste da ein Haken sein. Als sie schließlich im Krankenhaus ankamen, war sie überzeugt, dass man Vicky seine inneren Organe nehmen würde.

Dieser Gedanke hatte sich so in ihr festgesetzt, dass sie sich zuerst weigerte, ihn loszulassen. Zwei Schwestern hielten sie und führten sie in einen kleinen Raum, in dem weiche Stühle an der Wand standen. Sie machten ihr Tee mit viel Zucker. Sie trank ihn dankbar und gierig und genoss sogar den Zuckergeschmack, den sie sonst hasste. Sie nahm kaum jemals Zucker, da afrikanische Mütter dachten, dass Zucker und Fleisch Würmer verursachten. Fleisch aß sie inzwischen ganz gern, aber an den Geschmack von Zucker konnte sie sich nie richtig gewöhnen. Doch an diesem Tag im Royal Free war sie zu hungrig, um sich darüber Gedanken zu machen. Der Tee schmeckte ihr, und man sagte ihr, sie solle warten, während Vicky untersucht würde. Sie wartete und wartete, bis sie fast einschlief. Dann begann sie sich um Titi zu sorgen. Sie hoffte, dass sich Francis daran erinnerte, sie abzuholen. Es war wirk-

lich komisch, sie hatte nicht daran gedacht, nach Francis zu
suchen. Sie wollte ihn nicht aufregen; es war nichts Ernstes.
Francis glaubte immer noch, dass sie bei der Arbeit und Vicky
bei Trudy war.

Etwas sagte ihr jedoch, dass sie ihren Mann verständigen
musste. Aber wie konnte sie das, wenn sie nicht wusste, wo er
um diese Tageszeit war? Er besuchte nicht mehr regelmäßig
die Vorlesungen und studierte ganz für sich. Das bedeutete,
dass er in jeder Bibliothek Londons sein konnte, oder er war
bei einer seiner Freundinnen. Adah wäre die Letzte, die ihn
bei einer dieser Beschäftigungen stören würde. Sie würde ihm
alles erzählen, wenn sie heimkam.

Die Schwester und zwei junge Ärzte kamen auf sie zu. Sie
sagten ihr, dass Vicky sehr krank sei. Sie hatten ihm alle möglichen Proben entnommen, und bevor sie die Ergebnisse nicht
bekamen, konnten sie ihn nicht behandeln. Sie wollten ihn
zur Beobachtung im Krankenhaus behalten. Für Adah bedeutete Krankenhaus normalerweise zweierlei. Man ging dorthin, wenn man ein Kind bekam oder wenn man sterben musste. Das erste Mal, als sie hinein durfte, war, als sie Titi bekam.
Die einzige andere Person in ihrer Familie, von der sie wusste,
dass sie im Krankenhaus gewesen war, war Pa. Er war für eine
Untersuchung hineingegangen und nie wieder zurückgekommen. Diese Gedanken schossen ihr durch den Kopf, während
sie zu überlegen versuchte, welche Entscheidung wohl die
richtige war. Sie spürte irgendwie, dass sie keine Wahl hatte. Vicky hatte bereits ein Zimmer zugewiesen bekommen,
für den Fall, dass seine Krankheit ansteckend war. Sie durfte
ihn sehen. Man hatte ihn in ein blaues Kinderbettchen gesteckt und sorgsam in flauschige, blaue Decken gehüllt. Er
schlief nicht, sondern starrte seine Mutter an wie jemand, der
einen schlimmen Migräneanfall hatte. Es sah aus, als wäre es
schwierig für ihn, die Augen zu bewegen. Hatten sie vielleicht

doch recht? War Vicky sehr krank? Sie klammerte sich an das Gitter des Kinderbettes.

Durch die Glastür sah man ihr zu. Eine Schwester kam zu ihr und sagte ihr, es wäre Zeit zu gehen; Vicky bräuchte Ruhe und Schlaf. Adah nickte und verabschiedete sich von ihm, doch Vicky antwortete nicht; seine müden Augen schienen auf etwas gerichtet, was nur er erkennen konnte. Adah durfte nicht bleiben, sie musste gehen.

Warum, dachte sie bei sich, erlaubten die Behörden den Müttern von Kleinkindern nicht, bei ihrem kranken Nachwuchs im Krankenhaus zu bleiben? In Nigeria, wo das Wetter warm genug war, hätte sie vor dem Krankenhaus bleiben können, auf dem Gelände unter einem großen Baum. Nun wusste sie nicht, was sie tun sollte. Im Gang warten? Sie würden sie hinausscheuchen. Doch bis dahin würde sie es tun. Komisch, dass sie ein nicht einmal einjähriges Baby ins Krankenhaus holten und es dann nicht behandelten, da sie noch die Symptome diagnostizierten. Angenommen, das Kind bekam Krämpfe, wie sie ihre Kinder bei hohem Fieber immer hatten? Die Schwestern würden nur Spritzen in es hineinpumpen, doch sie hatte ihr Leben lang Babys an diesen Malariaanfällen leiden sehen und kannte die Erste-Hilfe-Maßnahmen. Das Krankenhaus vielleicht nicht, also würde sie bleiben.

Adah dämmerte auf einer Holzbank ein. Als sie die Augen aufmachte, war sie überrascht, die schöne Schwester mit der sanften Stimme zu sehen, die ihr vorher gesagt hatte, dass es Zeit zum Gehen sei. Sie sah Adah lange an und lächelte.

»Ist Victor Ihr einziges Kind?«

Adah schüttelte den Kopf, nein, sie hatte noch eins, doch das sei nur ein Mädchen.

»Nur ein Mädchen? Was meinen Sie mit ›nur ein Mädchen‹? Sie ist schließlich auch ein Mensch, genau wie Ihr Sohn.«

Adah wusste das alles. Doch wie sollte sie diesem schönen Wesen erklären, dass sie der Liebe ihres Mannes und der Anerkennung ihrer Schwiegereltern in ihrer Gesellschaft nur sicher sein konnte, wenn sie so viele Kinder wie möglich am Leben erhielt, und dass, obwohl ein Mädchen auch als ein Kind zählte, ein Junge für ihre Leute so viel bedeutete wie vier Kinder zusammen? Und wenn die Familie dem Jungen eine gute Universitätsausbildung geben konnte, erhielt seine Mutter innerhalb des Stammes den Status eines Mannes. Wie sollte sie das alles erklären? Dass ihr Glück so sehr vom Leben ihres Sohnes abhing.

»Wissen Sie, ich werde noch ein Kind kriegen!«, erbot sie sich, um der Schwester zu zeigen, was für eine gute Frau sie war.

Die Schwester, die entweder nicht verstand oder eine andere Vorstellung von einer guten und wertvollen Frau hatte als Adah, nickte, sagte aber nichts.

Wenn Adah nicht ginge, würde man nach ihrem Mann schicken, sagte sie. Sie musste gehen.

Adah entgegnete, sie ginge nur, wenn sie Gewalt anwendeten, und solange sie das nicht taten, blieb sie. Doch sie ging in den Flur im unteren Stockwerk, wo sie westindische Frauen zum Putzen eintreffen sah.

Später kam dann Francis. Titi verbrachte die Nacht bei Trudy, deshalb war er gekommen, um nach ihr zu sehen. Eine Zeit lang sah es so aus, als ob Vickys Krankheit die Eltern wieder zusammenbringen könnte. Francis sagte ihr nicht, sie solle sich keine Sorgen machen, denn er wusste nicht, wie man sich als Mann in einer solchen Situation verhielt. Statt dessen weinte er wie eine Frau mit Adah.

Drei Tage später entdeckte man, dass Vicky den Meningitis-Virus hatte. Also las Adah in der Bücherei alles über dieses schreckliche Ding mit seinem schrecklichen, unaussprechlichen Namen; sie studierte die Ursachen und die Wirkungen.

»Aber woher hat er das? In meiner Familie haben wir nie von so etwas gehört, und Ma hat auch nie erwähnt, dass es in deiner Familie vorgekommen ist. Woher hat er es also? Ich will es wissen, denn ich will es in Zukunft verhindern, wenn er überhaupt eine Zukunft hat.«

»Sie heilen hier alles«, erwiderte Francis und blickte ins Leere.

»Nach den Statistiken, die ich in einer medizinischen Enzyklopädie durchgesehen habe, sind seine Überlebenschancen sehr gering. Ich will wissen, woher mein Sohn diesen Virus hat. Die Medizinbücher sagen, dass er ihn durch den Mund aufgenommen haben muss. Ich bin sehr vorsichtig mit Vicky und habe nicht so viele Fehler wie bei Titi gemacht. Ich will wissen, woher er ihn hat, und, Francis, es ist mir egal, was du denkst, ich werde es herausfinden. Von Trudy.«

»Was ist bloß über dich gekommen?«, fragte er und traute seinen Ohren nicht. »Was ist mit dir los?«

»Du willst wissen, was mit mir los ist? Ich werde es dir sagen. Du wirst es früher oder später sowieso wissen müssen. Wenn meinem Sohn etwas passiert, werde ich dich und diese Hure umbringen. Du schläfst mit ihr, oder? Du kaufst ihr Unterwäsche von dem Geld, für das ich arbeite, und wenn ich zur Arbeit gehe, gebt ihr beide das Geld aus, das ich ihr zahle. Mir ist es egal, was du tust, doch meine Kinder müssen heil und vollkommen sein. Das Einzige, was ich von dieser Sklavenehe habe, sind die Kinder. Und, Francis, ich warne dich, sie müssen vollkommen sein.«

Francis schaute sie an, als sähe er sie mit anderen Augen. Jemand hatte ihn gewarnt, dass der größte Fehler, den ein Afrikaner machen konnte, der war, ein gebildetes Mädchen nach London zu holen und es zuzulassen, dass sie sich mit den englischen Frauen der Mittelschicht anfreundete. Sie würde bald ihre Rechte kennenlernen. Was dachte sie sich eigentlich? fragte sich Francis. In ihrem Land durften Männer herumschlafen, wenn sie es wollten. Das gab der stillenden Mutter eine Pause, bis die nächste Schwangerschaft eintrat. Aber hier in London mit der Geburtenkontrolle und alldem konnte man die ganze Zeit mit seiner Frau schlafen. Doch er war nicht so erzogen worden. Er war zur Abwechslung erzogen worden. Die Frauen zu Hause protestierten nie, und Adah hatte gesagt, es mache ihr nichts aus. Kein Mann mochte es, wenn man seine Freiheit beschnitt, und schon gar nicht, wenn eine Frau dies tat, seine Frau. Er würde nicht streiten, er würde sie nicht schlagen, bis sie sich unterwarf, wegen dem Baby, aber er würde sich auch nicht an Adah binden. Wieso auch, im Bett war sie so kalt wie eine Leiche!

Adah redete noch immer. Sie würde zu Trudy gehen. Sie würde die Wahrheit aus ihr herausbringen, und wenn es sie umbrachte.

»Der Himmel stehe dir bei«, sagte Francis. »Du bist nicht zu Hause. Wenn du sie zu Unrecht beschuldigst, kannst du ins Gefängnis kommen. Du wirst Ärger kriegen, wenn du hingehst und eine Frau in ihrem eigenen Haus angreifst. Schließlich passt sie für uns auf Titi auf.«

»Ja, ich weiß, sie passt auf Titi auf, damit du behaupten kannst, du müsstest jeden Abend um elf Uhr zu ihr gehen. Gestern Nacht bist du um elf gegangen und erst zurückgekommen, als ich zur Arbeit wollte. Um nach Titi zu sehen!«

Es folgte ein unbehagliches Schweigen, währenddessen Adah ihre neue Freiheit abzuschätzen schien. Schließlich verdiente sie das Geld in der Familie.

Sie fuhr fort, mit einem ungewohnten, drohenden Unterton. »Wenn sie mir keine befriedigende Antwort gibt, werde ich Titi mit nach Hause nehmen, und ich werde das Haus nicht verlassen, um für dich zu arbeiten, bis die Kinder in die Krippe können oder bis du endlich auf sie aufpasst. Es ist mir egal, was deine Freunde sagen. Ich gehe zu Trudy. Sie wird mir einiges erklären müssen.«

»Du bist eben doch ganz wie deine Mutter. Diese streitsüchtige Unruhestifterin! Man sagt, Frauen werden mit zunehmendem Alter ihren Müttern immer ähnlicher. Doch du hast Pech, du bist nicht so groß und furchteinflößend wie sie. Du bist klein, und ich bin sicher, Trudy wird dir ein paar Lehren erteilen.«

»Wir werden sehen«, antwortete Adah, während sie wütend aus dem Haus schoss.

»Im Krankenhaus haben sie gesagt, dass Vicky den Meningitis-Virus hat. Und er ist immer noch in Gefahr. Ich will …«, legte Adah los.

Aber Trudy fiel ihr ins Wort.

»Ja, ich habe im Krankenhaus angerufen, und sie haben es mir gesagt. Deshalb habe ich ihnen erzählt, dass du ihn erst vor ein paar Monaten nach London gebracht hast. Er hat es vielleicht von dem Wasser aufgefangen, das ihr bei euch getrunken habt, bevor ihr hierher gekommen seid …«

Adah starrte sie an, sie traute ihren Ohren nicht. Träumte sie? Was sagte Trudy da über das Kind, das sie im besten Krankenhaus von Nigeria zur Welt gebracht hatte, auf der besten Station, bei dem fähigsten Schweizer Gynäkologen, den die Amerikaner für sie als ein Mitglied ihres Botschaftspersonals bekommen konnten – eine der vielen zusätzlichen Sozialleistungen, wenn man für die Amerikaner arbeitete? Sie wollte Trudy das alles erklären, aber in dem Moment sah sie, wie Titi aus dem Hinterhof kam, genauso dreckig wie das letzte Mal. Adah wusste nicht, was in ihr vorging. Sie wusste nur, dass sie die Kontrolle über die Situation verlor. Ihr inneres Auge sah kaleidoskopartig Vicky und Titi auf dem Müllplatz in Trudys Hinterhof. Sie konnte dieses Bild nicht ausradieren, und sie tat das Einzige, was ihr Instinkt ihr riet. Vor ihr stand ein Feind, der ihr Land beleidigte, ihre Familie, sie selber und, was das Schlimmste war, ihr Kind.

Jemand hatte einen Teppichklopfer in der Nähe der Tür liegenlassen. (Adah fragte sich später, warum, denn in Trudys beiden Zimmern gab es keinen Teppich.) Ohne nachzudenken, nahm sie ihn, schwer, wie er war, und warf damit blindlings in Trudys Richtung! Trudy sah ihn kommen und duckte sich. Ein Nachbar von Trudy, der im Gang stand, hielt Adah von hinten fest.

»Tun Sie das nicht, nein, nein.« Die Stimme des Nachbarn hinter ihr war kühl, beruhigend und nüchtern.

Adah schäumte vor Wut. Sie spuckte aus, wie es ihre Stammesleute getan hätten. Bei ihrem Volk hätte sie Trudy töten können, und andere Mütter hätten fest zu ihr gestanden. Jetzt ließ man ihr nicht einmal die Freude, sinnlos auf diese fette, schlampige Frau mit den gefärbten Haaren und den Katzenaugen einzuschlagen. Sie gehörte zu jener Nation, die »Recht und Gesetz« eingeführt hatte.

Adahs Bauch begann zu schmerzen, genauso als ob eine Verdauungsstörung sich ankündigte. Adah war nicht daran gewohnt, ihre Wut zu bezähmen. Warum auch, hatte Pa ihr nicht gesagt, dass es schlecht für den Organismus wäre? Um also Dampf abzulassen, drohte sie:

»Ich werde dich töten. Verstehst du? Ich werde dich töten, wenn meinem Kind etwas zustößt. Ich werde mich hineinschleichen und dich im Schlaf umbringen. Oder ich werde Leute dafür bezahlen, dass sie es für mich tun, aber glaube mir, ich werde dich umbringen und dabei noch lächeln. Ich habe Vicky mit eigenen Augen auf dem Müllplatz gesehen. An meinem Mann habe ich dich gerochen. Ich bezahle dich mit dem

Geld, das ich verdiene, lasse meinen Mann mit dir schlafen, und dann willst du meinen Sohn töten?«

Danach brach Adah zusammen und begann zu weinen; ihre Stimme klang wie die einer Gefolterten, erstickt und rau. Die anderen weißen Frauen standen da und starrten sie erschreckt an. Sie hatten wahrscheinlich noch nie eine wütende Ibo-Frau gesehen.

Wenn sie überrascht waren, so war Adah mehr als das; sie war entsetzt über ihr eigenes Benehmen. Sie konnte sich nicht mehr beherrschen. Sie hatte zu viel in sich aufstauen müssen. In England konnte sie nicht zu ihrer Nachbarin gehen und ihren Ärger heraussprudeln lassen, wie es in Lagos üblich war; sie hatte gelernt, über ihr Unglück nicht mit den Leuten zu reden, mit denen sie zusammenarbeitete, denn dies war eine Gesellschaft, in der sich niemand für die Probleme der anderen interessierte. Wenn man seine Probleme nicht mehr ertragen konnte, blieb einem immer noch, sich umzubringen, denn das war erlaubt. Ein Selbstmordversuch galt nicht als Sünde. Es war eine Möglichkeit, die Aufmerksamkeit auf seine unglückliche Lage zu lenken. Und wessen Aufmerksamkeit lenkte man auf sich? Die Aufmerksamkeit bezahlter Zuhörer. Zuhörer, die einem das Gefühl gaben, dass man ein Studienobjekt ist, das zu diagnostizieren, analysieren und einzuordnen ist. Zuhörer, die von einem als einem »Fall« sprachen. Da gibt es nicht die alte Frau von nebenan, die, wenn sie einen Streit zwischen Mann und Frau hörte, hereinkam, um ihm eine Ohrfeige zu geben, ihn anzuschnauzen und so weiter, da sie wusste, man würde ihre Worte achten, weil sie alt und erfahren war. Stattdessen gibt es Miss Stirling und Konsorten, deren Büro sich in der Maiden Road vor Trudys Haus befand. Glücklicherweise hatte jemand sie gerufen, und sie kam schweratmend und mit wütendem Augenfunkeln an.

Sie lauschte Adahs Geschichte geduldig und schien ihr

zuzustimmen, sagte aber nichts. Stattdessen schwieg sie eine Weile, während Adah all diese merkwürdigen Leute ansah. Niemand tadelte sie oder Trudy. Niemand redete. Adah kam sich vor wie eine Närrin. Sie lernte. Die Leute hier sagen nicht alles; sie sagen nicht etwas wie: »Ich habe sogar meinem Mann erlaubt, als Teil der Bezahlung mit ihr zu schlafen.« Sie bemerkte jedoch eines: Trudy sah aus, als ob jemand sie zwang, Scheiße zu essen. Ihr Mund wurde hässlich, und ihr Augen-Make-up lief ihr in Streifen übers Gesicht. Sogar ihr schwarzes Haar wies plötzlich braune Strähnen auf.

Dann sprach Miss Stirling. »Wir haben Krippenplätze für die Kinder. Ihr kleines Mädchen kann ab Montag hingehen, und wenn das Baby aus dem Krankenhaus ist, bekommt es auch einen Platz.«

Adah hatte einen weiteren Mythos gesprengt. Bürgerinnen zweiter Klasse konnten ihre Kinder behalten, doch wie hoch war der Preis, den sie zahlen mussten! Vicky war immer noch in Gefahr, ihre Ehe stand auf dem Spiel, und jetzt auch noch dieser Krach.

Sie wusste nicht, ob sie Scham oder Dankbarkeit empfinden sollte. Auf gewisse Art fühlte sie beides, vor allem, da es nun so aussah, als ob sie nur leere Drohungen ausgestoßen hatte. Sie waren unnötig.

Sie würde sich bei Trudy nicht entschuldigen; die Frau war auf alle Fälle eine niederträchtige Lügnerin. Man nahm ihren Namen von der Bezirksliste der anerkannten Tagesmütter, und sie verließ Maiden Road, vielleicht, weil sie immer noch erschrocken über Adahs Drohungen war; sie zog irgendwo nach Camden Town, sodass, selbst wenn Vicky gestorben wäre, Adah ihre Drohungen nicht hätte wahr machen können.

Adah verließ die Gruppe und ging nach Hause, weinte dabei leise vor sich hin. Es war ein erleichtertes Weinen.

Wie ich zum Vegetarier wurde – Mein Leben in London
Mahatma Gandhi

Dr. Mehta besichtigte mein Zimmer und seine Einrichtung und schüttelte missbilligend den Kopf. »Das ist nicht das Richtige hier«, sagte er. »Wir kommen nach England nicht nur deswegen, um zu studieren, sondern auch, um das englische Leben und die englischen Sitten kennenzulernen, und zu diesem Zweck müssen Sie in einer Familie leben. Aber zunächst ist es besser, denke ich, Sie machen erst einmal eine Lehrzeit bei einem meiner Freunde durch, der Sie unter seine Fittiche nehmen wird.«

Ich nahm den Rat dankbar an und siedelte in das Zimmer besagten Freundes über. Er war voller Freundlichkeit und Fürsorge gegen mich, behandelte mich wie seinen eigenen Bruder und weihte mich in alles Englische ein. Nur die Nahrungsfrage wurde bald ein ernstes Problem. Die ohne Würze zubereiteten Gemüse waren ungenießbar für mich. Unsere Wirtin wusste schließlich gar nicht mehr, was sie für mich kochen sollte. Zum Frühstück gab es Hafergrütze, die mir leidlich schmeckte, aber vom Mittag- und Abendessen stand ich immer hungrig auf. Der Freund redete mir ständig zu, doch Fleisch zu essen, aber ich hielt an meinem Gelübde fest, das ich meiner Mutter gegeben hatte, und schwieg. Mittags wie abends gab es

Spinat und Brot mit Marmelade. Oft hatte ich einen wahren Wolfshunger, aber ich schämte mich, mehr zu verlangen als zwei oder drei Scheiben Brot, weil mir das unpassend vorkam. Milch gab es auch nicht, weder mittags noch abends. Einmal geriet der Freund ganz außer sich über mich und erklärte mir rundheraus, wenn ich sein Bruder wäre, würde er mich längst zum Teufel gejagt haben.»Was hat ein Gelübde zu sagen, einer unwissenden Mutter zuliebe, die keine Ahnung von den Verhältnissen hier hat? Dein Gelübde ist überhaupt gar keins. Vor einem Gericht würde es gar nicht anerkannt werden. Es ist reinster Aberglaube, sich an so ein Versprechen zu klammern. Mit solcher Bockigkeit wirst du hier nicht weit kommen. Du hast selbst gesagt, dass du schon früher Fleisch gegessen hast und dass es dir geschmeckt hat. Damals, wo es gar nicht nötig war, hast du welches gegessen, und jetzt, wo es darauf ankommt, willst du keins essen. Aber ich blieb hart wie Stein.

Bei meinen Streifzügen durch die Stadt stieß ich endlich eines Tages auf ein vegetarisches Speisehaus in der Farrington Street. Bei diesem Anblick wurde ich so froh wie ein Kind, das etwas bekommt, was so recht nach seinem Herzen ist. Bevor ich eintrat, fiel mein Blick auf ein Schaufenster neben der Tür, in dem Bücher zum Verkauf ausgestellt waren, darunter Salts *Lob der Pflanzenkost*. Dies erstand ich um einen Schilling und eilte damit auf der Stelle in den Speisesaal Dort verzehrte ich meine erste herzhafte Mahlzeit seit meiner Ankunft in England. Gott war mir zu Hilfe gekommen.

Ich las Salts Buch von der ersten bis zur letzten Seite und war tief bewegt davon. Ich darf sagen: von Stund an wurde ich Vegetarier aus freier Wahl, und ich segnete nun den Tag, da ich mein Gelübde vor meiner Mutter abgelegt hatte. Bis dahin hatte ich mich des Fleisches lediglich um der Wahrhaftigkeit und um meines Gelübdes willen enthalten, jedoch gleichzeitig den Wunsch gehegt, dass jeder Inder noch einmal ein

Fleischesser werden möge. Ja, ich hatte innerlich nur auf die Zeit gewartet, wo ich selbst einer sein würde, frei und offen, und andere gewinnen für meine Sache. Nun aber entschied ich mich aus freier Wahl für die vegetarische Lebensweise. Für sie zu werben, wurde von nun an meine Mission.

Die Kleider, die ich aus Bombay mitgebracht hatte, wollten mir gar nicht mehr gefallen. Sie schienen mir nicht gut genug für die englische Gesellschaft, und ich ließ mir neue im »Kaufhaus für Heer und Marine« machen. Auch erstand ich mir einen Zylinderhut für neunzehn Schillinge. Damit nicht zufrieden, vergeudete ich auch noch zehn Pfund für einen Abendanzug, den ich mir in der Bond Street machen ließ und veranlasste meinen guten, edelmütigen Bruder, mir eine goldene Doppeluhrkette zu schicken. Es war nicht korrekt, einen »festen« Schlips zu tragen, und so erlernte ich die Kunst, mir selber einen zu binden. Daheim in Indien war der Spiegel ein Luxus gewesen, nur erlaubt an den Tagen, wo der Familienbarbier kam, um mich zu rasieren. Hier vergeudete ich tagtäglich zehn Minuten vor einem Riesenspiegel und beäugte mich, wie ich meinen Schlips band und mein Haar modegerecht scheitelte. Mein Haar war alles andere als geschmeidig, und jeden Morgen kostete es einen regelrechten Kampf mit der Bürste, um es in die rechte Lage zu striegeln. Jedes Mal, wenn ich den Hut aufsetzte und abnahm, fuhr die Hand automatisch an den Kopf, um das Haar zurechtzustreichen.

Als ob das alles noch nicht genug gewesen wäre, begann ich meine Aufmerksamkeit auch noch auf andere Einzelheiten zu richten, die unerlässlich schienen, um einen richtigen englischen Gentleman aus mir zu machen. So wurde mir gesagt, dass es unbedingt notwendig für mich sei, Unterricht im Tanzen, in Französisch und in englischer Aussprache zu nehmen. Ich beschloss, einen Tanzkursus mitzumachen, und hinterlegte drei Pfund im Voraus als Honorar für die ersten drei Wochen. Ich habe, soviel ich mich erinnere, etwa sechs Stunden genommen; aber ich war völlig unfähig, auch nur so etwas wie eine rhythmische Bewegung zustande zu bringen, denn ich kam mit dem Klavier nicht mit und konnte deshalb unmöglich Takt halten. Was war da zu tun? Der Klausner in der Fabel hielt sich eine Katze, um die Ratten zu verjagen, und dann eine Kuh, um Milch für die Katze zu haben, und dann einen Mann, um die Kuh zu hüten, und so fort. Die Bedürfnisse meines Ehrgeizes wuchsen wie der Hausstand dieses Klausners. Ich verfiel darauf, unbedingt Geige spielen zu lernen, um mir Gehör für die westliche Musik anzueignen. Also legte ich drei Pfund für eine Geige an und noch etwas mehr für den Unterricht; und dann suchte ich mir einen dritten Lehrer, der mir Stunden in englischer Aussprache geben sollte, und bezahlte ihm im Voraus eine Guinee. Er empfahl mir als Lehrbuch *Bells Redekunst*, das ich ebenfalls um gutes Geld erstand.

Aber über Bells Lehrbuch hörte ich plötzlich in meinem Ohr die Alarmglocke läuten und erwachte. Schließlich, sagte ich mir, will ich ja nicht mein ganzes Leben in England verbringen. Wozu also englische Redekunst erlernen? Und wie sollen ein paar Tanzstunden einen Gentleman aus mir machen? Geige spielen konnte ich auch in Indien lernen. Ich war Student, und zum Studieren war ich hier. Wenn meinem Charakter nach ein Gentleman aus mir wurde, umso besser. Wenn nicht, so musste ich diesen Ehrgeiz eben fahren lassen.

Diese und ähnliche Gedanken ergriffen Besitz von mir, und ich brachte sie in einem Brief zum Ausdruck, den ich an meinen Sprachlehrer schickte mit der Bitte, mich von weiteren Studien zu entbinden. Einen gleichen Brief schrieb ich an den Tanzlehrer, und zu der Geigenlehrerin ging ich selber hin und bat sie, die Geige zu jedem Preis, den sie dafür bekommen könne, zu verkaufen. Sie war recht freundlich gegen mich, so-dass ich ihr erzählte, wie mir mit einem Mal aufgegangen sei, dass ich bisher einem Trugbild nachgejagt hätte; und sie be-stärkte mich in dem Entschluss zu völliger Wandlung. Diese ganze Vernarrtheit muss etwa drei Monate lang gedauert haben. Die Kleidernarrheit hielt noch jahrelang an. Aber mei-nen Studien ging ich von nun an mit Eifer nach.

Glaube niemand, dass meine Tanz- und sonstigen Expe-rimente ein Stadium des Mich-Gehen-Lassens in meinem Leben bedeutet hätten. Auch während dieser Zeit hatte ich meine fünf Sinne sehr wohl beisammen und ließ es bei aller Verblendung doch nie an einem gewissen Maß von Selbst-beobachtung fehlen. Ich führte Buch über jeden Pfennig, den ich ausgab. Als ich mir dann mein Konto näher betrachtete, sah ich, dass ich unbedingt sparsamer werden müsste. Ich be-schloss also, meine Ausgaben kurzerhand auf die Hälfte he-rabzuschrauben. In meinen Rechnungen fanden sich zahlrei-che Posten für Fahrgeld. Zu dem wöchentlichen Pensionsgeld für die Familie, bei der ich wohnte, kamen überdies beträcht-liche Sonderausgaben, die dadurch entstanden, dass ich mich aus Höflichkeit verpflichtet fühlte, gelegentlich Mitglieder dieser Familie zum Abendessen auszuführen oder mit ihnen in Gesellschaften zu gehen. Handelte es sich dabei um eine Dame, so verlangte es der Brauch, dass der männliche Beglei-ter alles bezahlte. Auswärts zu speisen bedeutete zudem dop-pelte Unkosten, da nicht eingenommene Mahlzeiten von der regelmäßigen Wochenrechnung nicht abgezogen wurden. Ich sagte mir, es müsste doch möglich sein, alle diese Ausgaben einzuschränken und so dem durch falsche Anstandsrück-sichten verursachten Schwund meines Säckels abzuhelfen. Ich beschloss also, mir ein paar Zimmer auf eigene Rechnung zu mieten, anstatt noch länger bei der Familie zu wohnen, und auch meinen Aufenthalt zu wechseln je nachdem, wo ich gerade zu tun hatte, sodass ich gleichzeitig auch immer neue Eindrücke sammeln konnte. Die Zimmer wurden so gewählt, dass ich von da aus meine Arbeitsstätte in einer halben Stunde zu Fuß erreichen konnte, wodurch ich Fahrgeld sparte. Bisher hatte ich mir immer ein Fuhrwerk genommen, wenn ich irgendwohin wollte, und mir die Zeit für Spaziergänge anderweitig absparen müssen. Die neue Ordnung brachte mir nicht nur Ersparnisse an Fahrgeld, sondern auch die Möglichkeit, täglich acht bis zehn englische Meilen zu Fuß zurückzulegen. Diese Gewohnheit, lange Strecken zu Fuß zu gehen, bewahrte mich während meines ganzen Aufenthalts in England hauptsächlich vor Krankheit und erhielt mich körperlich gut bei Kräften.

Bald darauf fielen mir gewisse Bücher in die Hände, in denen eine einfache Lebensweise gepredigt wurde; und nachdem ich sie gelesen hatte, gab ich meine Zimmer auf und mietete mir statt ihrer ein einziges, beschaffte einen Kochapparat und begann mir selber mein Frühstück zu bereiten. Das nahm mir kaum mehr als zwanzig Minuten, denn es galt nur, die Hafergrütze und das Wasser zum Kakao zu kochen. Zu Mittag aß ich auswärts, und abends gab es wieder Brot und Kakao daheim. So brachte ich es fertig, mit einem Schilling und drei Pence täglich auszukommen. Zugleich arbeitete ich angestrengt, denn die einfache Lebensweise ließ mir viel Zeit, und ich bestand mein Examen. Diese Sparwirtschaft machte mein Leben durchaus nicht etwa trübselig. Im Gegenteil, diese Veränderung brachte mein inneres und äußeres Dasein erst in rechten Einklang und war auch den Mitteln meiner Familie angemessener. Meine Lebensführung wurde sicherlich wahrhaftiger, und die Freude meiner Seele war grenzenlos.

Tea Time bei der Queen –
Ein Gedankenspiel

Alan Bennett

Zu ihrer eigenen leichten Überraschung wurde die Queen achtzig. So ein Geburtstag verstrich natürlich nicht unbemerkt, und verschiedene Feierlichkeiten wurden arrangiert, manche mehr zu Ihrer Majestät Gefallen, manche weniger. Ihre Berater sahen den Geburtstag vor allem als eine weitere Möglichkeit, die Monarchie bei der stets launischen Bevölkerung beliebter zu machen.

So war es nicht besonders überraschend, dass auch die Queen selbst eine Feier geben und dazu all jene versammeln wollte, die ihr im Laufe der Jahrzehnte als Berater gedient hatten. Es war also praktisch eine Feierstunde des Kronrates, zu dessen Mitglied man auf Lebenszeit ernannt wurde, wodurch er sich zu einer umfänglichen und schwer zu handhabenden Körperschaft ausgewachsen hatte, die selten in voller Runde zusammenkam, und dann nur zu bedeutsamen Anlässen. Aber nichts sprach dagegen, dachte die Queen, sie alle zum Tee einzuladen, und zwar zu einem richtigen Tee, mit Schinken, Zunge, Senf und Kresse auf den Sandwiches, mit Scones, mit Kuchen und sogar mit Trifle. Viel besser als ein Abendessen, fand sie, und gemütlicher.

Niemand war um Abendgarderobe ersucht worden, auch

wenn Ihre Majestät so makellos gepflegt erschien wie in alten Tagen. Aber wie viel Rat sie im Lauf der Jahre erhalten hatte, dachte sie, als sie den Blick über die versammelte Menge schweifen ließ; so viele hatten ihn erteilt, dass nur einer der größten und prächtigsten Säle des Palastes sie alle beherbergen konnte und die üppigen Leckereien zum Tee in den angrenzenden Salons angerichtet wurden. Sie schlenderte fröhlich zwischen ihren Gästen umher, ohne Unterstützung eines anderen Mitglieds der königlichen Familie, von denen zwar auch etliche zum Kronrat gehörten, die aber nicht eingeladen waren. »Ich sehe auch so genug von ihnen«, sagte sie, »wohingegen ich Sie alle nie zu sehen bekomme, und auch Sie – abgesehen von meinem Tod – kaum Gelegenheit haben werden, einander alle zu sehen. Probieren Sie unbedingt das Trifle. Es ist sündhaft gut.« Selten war sie so vortrefflicher Laune gewesen.

Die Aussicht auf einen anständigen Tee hatte die Höchst Ehrenwerten Kronräte in weit größerer Anzahl zum Kommen bewegt, als man erwartet hatte: Dinner wäre eine Pflichtübung gewesen, Tee jedoch war ein Vergnügen. Die Versammlung war so groß, dass zu wenig Stühle zur Verfügung standen und die Dienerschaft hastig hin und her eilte, bis alle Sitzgelegenheiten hatten, doch auch das gehörte zum Amüsement. Viele saßen auf den üblichen vergoldeten Feststühlen, aber einige fanden sich auch auf einer unbezahlbaren Louis-Quinze-Bergère oder einem Holzstuhl mit eingebranntem Monogramm vom Korridor wieder, und ein ehemaliger Lordkanzler saß gar auf einem kleinen Hocker mit Korksitz, den man aus einem der Badezimmer herbeigeschafft hatte.

Die Queen überwachte das Treiben in aller Ruhe, zwar nicht gerade vom Thron aus, aber immerhin aus dem größten Fauteuil aller Anwesenden. Sie hatte ihre Tasse Tee mitgebracht nippte daran und plauderte, bis es sich auch der letzte Gast bequem gemacht hatte.

»Ich weiß ja, dass ich all die Jahre gut beraten wurde, doch war mir nicht klar, von wie vielen. Was für ein Auflauf!«

»Vielleicht, Ma'am, sollten wir alle gemeinsam ›Happy Birthday‹ singen!«, sagte der Premierminister, der natürlich in der ersten Reihe saß.

»Wir wollen nicht gleich überschwänglich werden«, sagte Ihre Majestät. »Es stimmt zwar, dass ich achtzig geworden bin und dies so eine Art Geburtstagsfeier ist. Aber was es zu feiern gibt, weiß man nicht so genau. Das Gute daran ist immerhin, nun ein Alter erreicht zu haben, in dem sich sterben lässt, ohne dass die Menschen allzu schockiert sein müssten.«

Darüber wurde höflich gelacht, und auch die Queen selbst lächelte. »Ich glaube«, sagte sie, »an dieser Stelle wäre der Ruf ›nein, nein‹ angebrachter.« Jemand tat ihr den Gefallen, es gab noch mehr selbstzufriedenes Gelächter, da sich die Vornehmsten des Landes darin gefielen, von der Ersten im Lande geneckt zu werden.

»Man kann, wie Sie alle wissen, auf eine lange Regierungszeit zurückblicken. In mehr als fünfzig Jahren habe ich zehn Premierminister, sechs Erzbischöfe von Canterbury, acht Sprecher des Unterhauses und, auch wenn diese Statistik Ihrer Ansicht nach vielleicht nicht hierher gehört, dreiundfünfzig Corgis erlebt, um nicht zu sagen überlebt.« (Gelächter.) »Ein Leben, wie Lady Bracknell sagt, voll der Vorkommnisse.«

Das Publikum lächelte wohlgefällig, gelegentlich vergnügt glucksend. Das war ja ein bisschen wie in der Schule, jedenfalls in der Grundschule.

»Und natürlich geht es immer weiter, keine Woche vergeht, in der nicht irgendetwas Interessantes geschieht, ein Skandal, eine Vertuschung, vielleicht sogar ein Krieg. Und weil man Geburtstag hat, darf jetzt niemand auch nur daran denken, verärgert dreinzuschauen« – (der Premierminister betrachtete die Decke, der Innenminister den Teppich) – »denn man hat eben einen weiten Blickwinkel, und es war immer schon so. Mit achtzig gibt es keine Ereignisse mehr, nur noch Wiederholungen.

Doch wie viele von Ihnen wissen, hat Verschwendung mir schon immer missfallen. In einer nicht ganz frei erfundenen Darstellung meiner Person laufe ich abends durch den Buckingham-Palast und knipse das Licht aus, womit wohl angedeutet werden soll, man sei geizig, auch wenn man solches Verhalten heute eher mit Verantwortung für das Weltklima begründen könnte. Aber wenn man wie ich eben Verschwendung missbilligt, dann muss man einfach an die vielfältigen Erfahrungen denken, die ich machen durfte, viele davon ganz einzigartig, die Ernte eines Lebens, das mich oft, wenn auch nur als Zuschauerin, nah ans Geschehen gebracht hat. Die meisten dieser Erfahrungen«, und hier tippte sich Ihre Majestät an den makellos frisierten Kopf, »sind hier oben verwahrt. Und man möchte sie eben nicht gern nutzlos vergehen sehen. Die Frage ist also, was soll damit geschehen?«

Der Premierminister öffnete den Mund, als wollte er antworten, und erhob sich sogar halb von seinem Sitz.

»Das war«, sagte die Queen, »eine rhetorische Frage.«

Er sank wieder auf den Stuhl.

»Wie manche von Ihnen wissen, bin ich in den letzten Jahren begeisterte Leserin geworden. Bücher haben mein Leben in einer Weise bereichert, die nicht zu erwarten war. Aber auch Bücher bringen einen irgendwann nicht mehr weiter, und ich glaube, die Zeit ist nun gekommen, den Schritt vom Lesen zum Schreiben zu vollziehen oder es zumindest zu versuchen.«

Wieder zuckte der Premierminister zusammen, und die Queen überließ ihm huldvoll das Wort, nicht ohne zu denken, dass es ihr wohl leider mit Premierministern immer so erging.

»Ein Buch, Eure Majestät. Oh ja. Ja. Erinnerungen an Ihre Kindheit, Ma'am, an den Krieg, die Bombardierung des Palastes, Ihre Zeit bei der WAAF.«

»Beim Transportkorps«, korrigierte die Queen.

»Irgendwo in der Armee jedenfalls«, fuhr der Premierminister eilig fort. »Dann Ihre Ehe, die dramatischen Umstände, unter denen Sie erfuhren, dass Sie Königin geworden waren. Das wird sensationell. Und es steht kaum in Zweifel«, gluckste er, »dass es ein Bestseller werden dürfte.«

»Der Bestseller *überhaupt*«, übertrumpfte ihn der Innenminister. »Weltweit.«

»J-ja nun«, sagte die Queen, »nur dass ich«, und diesen Augenblick genoss sie sichtlich, »ganz bestimmt nicht an so ein Buch gedacht habe. So ein Buch kann schließlich jeder schreiben, und es haben auch schon einige getan – und die Ergebnisse sind meiner Ansicht nach äußerst ermüdend. Nein, ich hatte mir ein ganz anderes Buch vorgestellt.«

Der Premierminister gab sich noch nicht geschlagen, sondern hob höflich interessiert die Brauen. Vielleicht wollte das alte Mädchen ja ein Reisebuch schreiben. Die verkauften sich auch immer ganz gut.

Die Queen lehnte sich zurück. »Ich dachte an etwa Radikaleres. Etwas … Kühneres.«

Wörter wie ›radikal‹ und ›kühn‹ tropften dem Premierminister so häufig von der Zunge, dass er immer noch nicht alarmiert war.

»Hat jemand von Ihnen Proust gelesen?«, fragte die Queen in die Runde. Jemand Schwerhöriges murmelte »Wen?«, ein paar Hände gingen in die Höhe, darunter nicht die des Premierministers, und als ein junger Angehöriger des Kabinetts solches sah, der Proust gelesen hatte und gerade die Hand heben wollte, ließ er es in der richtigen Annahme bleiben, dass ihm das ganz und gar nicht guttäte.

Die Queen zählte. »Acht, neun – zehn‹ – die meisten davon, wie sie feststellte, Überbleibsel längst vergangener Kabinette. »Das ist deutlich, wenn auch kaum überraschend. Hätte ich dem Kabinett von Mr Macmillan diese Frage gestellt, wären sicher ein Dutzend Hände gehoben worden, darunter auch die seine. Doch das ist kaum fair, denn damals hatte ich selbst Proust noch nicht gelesen.«

»Ich habe Trollope gelesen«, sagte ein ehemaliger Außenminister.

»Das hört man gern«, sagte die Queen, »aber Trollope ist nicht Proust.« Der Innenminister, der keinen von beiden gelesen hatte, nickte weise.

»Prousts Buch ist sehr lang, dennoch könnten Sie es in den Sommerferien durchlesen und gelegentlich noch Wasserski fahren. Am Ende des Romans schaut der Erzähler Marcel auf ein Leben zurück, aus dem er im Grunde nicht viel gemacht hat, und entschließt sich, diesen Mangel dadurch auszugleichen, dass er den Roman schreibt, den wir soeben gelesen haben, und dabei einige der Geheimnisse der Erinnerung und des Gedächtnisses zu entschlüsseln. Man selbst hat, ohne sich erheben zu wollen, anders als Marcel einiges aus seinem Leben gemacht, dennoch habe ich wie er das Gefühl, einen Mangel durch Analyse und Reflexion ausgleichen zu müssen.«

»Analyse?«, fragte der Premierminister.

»Und Reflexion«, ergänzte die Queen.

Dem Innenminister war ein Witz eingefallen, der im Unterhaus gut angekommen wäre, und so gedachte er ihn auch hier zu wagen. »Sollen wir daraus schließen, dass Eure Majestät auf die Idee eines solchen Rechenschaftsberichts gekommen sind, weil Sie in einem Buch darüber gelesen haben, und noch dazu in einem französischen? Ha, Ha.«

Zwei oder drei Anwesende reagierten mit leisem Kichern, aber die Queen schien den Witz gar nicht zu bemerken (er war ja auch kaum als solcher zu bezeichnen). »Nein, Herr Innenminister. Aber Bücher legen einem, wie Sie sicher wissen, selten bestimmte Handlungen nahe. Bücher bestätigen einen im Allgemeinen nur in dem, was man – vielleicht unbewusst – bereits zu tun beschlossen hat. Man wendet sich an ein Buch, um seine Überzeugungen bestärkt zu finden. Ein Buch besiegelt sozusagen.«

Einige der Räte, längst nicht mehr in Amt und Würden, gewannen den Eindruck, dies sei nicht die Frau, der sie einmal gedient hatten, und waren daher fasziniert. Doch der größte Teil der Versammelten schwieg eher unbehaglich, denn die wenigsten wussten, wovon sie redete. Und die Queen wusste das auch. »Sie sind verwirrt«, sagte sie ungerührt, »aber ich kann Ihnen versichern, dass Sie so etwas aus Ihrer eigenen Domäne kennen.«

Wieder saßen sie auf der Schulbank, und sie spielte die Lehrerin. »Nach Argumenten für etwas zu suchen, worüber Sie längst entschieden haben, ist doch die unausgesprochene Grundlage eines jeden Untersuchungsausschusses, oder?«

Der junge Minister lachte und wünschte sich so, gleich, er hätte es gelassen. Der Premierminister lachte nicht. Wenn dies der Ton war, den die Queen in ihrem Buch anschlagen wollte, dann musste man das Schlimmste befürchten. »Ich finde immer noch, Sie würden besser damit fahren, nur Ihre Geschichte zu erzählen«, wandte er kleinlaut ein.

»Nein«, sagte die Queen. »An leichter Erinnerungskost habe ich keinerlei Interesse. Ich hoffe doch, etwas Nachdenklicheres zu Stande zu bringen. Und mit nachdenklich meine ich keinesfalls besinnlich oder rücksichtsvoll. Kleiner Scherz.«

Niemand lachte, und das Lächeln des Premierministers war zu einem maskenhaften Grinsen gefroren.

»Wer weiß«, fuhr die Queen fröhlich fort, »vielleicht streife ich sogar das Literarische.«

»Ich würde doch annehmen«, sagte der Premierminister, »dass Eure Majestät über der Literatur stehen.«

»Über der Literatur?«, fragte die Queen. »Wer kann denn über der Literatur stehen? Da könnte man ebenso gut behaupten, über der Menschheit zu stehen. Aber wie ich schon sagte, ist mein Vorhaben nicht in erster Linie literarisch: Es geht um Analyse und Reflexion. Wie *war* das mit den zehn Premierministern?« Sie lächelte strahlend. »Da gibt es allerhand zu reflektieren. Man hat das Land so oft in den Krieg ziehen sehen, dass man sich lieber nicht an jedes Mal erinnern möchte. Auch darüber lässt sich nachdenken.«

Sie lächelte immer noch, doch wenn es ihr jemand gleichtat, dann nur die ältesten Gäste, die nichts mehr zu befürchten hatten.

»Man hat zahlreiche Staatsoberhäupter getroffen und sogar bewirtet, von denen einige unsägliche Schurken und Kanaillen waren, und ihre Gattinnen kaum besser als sie.« Das immerhin wurde mit schuldbewusstem Kopfnicken quitttiert.

»Man hat mit seinen Glacéhandschuhen bluttriefende Hände geschüttelt, man hat höflich mit Männern parliert, die eigenhändig Kinder hingemetzelt haben. Man ist durch Blut und Exkremente gewatet; als Königin, so habe ich oft gedacht, bräuchte man vor allem hüfthohe wasserdichte Stiefel. Mir wird oft ein gesunder Menschenverstand nachgesagt, aber das heißt im Grunde nur, dass man mir sonst nicht viel mehr zutraut, und folgerichtig habe ich auf Betreiben meiner verschiedenen Regierungen oft, wenn auch nur passiv, an Entscheidungen mitwirken müssen, die ich für wenig ratsam und oft schändlich erachtete. Manchmal ist man sich dabei vorgekommen wie eine Duftkerze, die einen Regierungsentscheid oder eine bestimmte Politik versüßen oder gar vernebeln soll. Der Monarchie scheint dieser Tage vor allem die Rolle eines

Regierungsdeodorants zuzukommen. Ich bin die Königin und das Oberhaupt des Commonwealth, doch gab es in den letzten fünfzig Jahren Zeiten, in denen ich darüber weniger Stolz als Scham empfand. Aber«, und damit erhob sie sich, »wir wollen nicht die Prioritäten aus den Augen verlieren, es handelt sich hier schließlich um eine Feier, wäre also, bevor ich fortfahre, etwas Champagner genehm?«

Der Champagner war superb, doch der Premierminister schlüpfte rasch hinaus zur nächsten Toilette, wo er mit dem Mobiltelefon den Generalstaatsanwalt anrief. Der Jurist konnte ihn weitgehend beruhigen, und durch dessen Rechtsauskunft ermutigt, verbreitete der Premierminister die frohe Kunde unter seinen Kabinettsmitgliedern. Als Ihre Majestät also schließlich in den Saal zurückkehrte, traf sie auf ein kampfeslustigeres Publikum.

»Wir haben uns über Ihre Bemerkungen unterhalten, Ma'am«, hob der Premierminister an.

»Alles zu seiner Zeit«, sagte die Queen. »Ich bin noch nicht ganz fertig. Sie sollen nicht glauben, was ich zu schreiben beabsichtige und auch schon begonnen habe, sei irgendein billiger Enthüllungsunsinn über das wahre Leben im Palast, wie ihn die Regenbogenpresse so liebt. Nein. Ich habe noch nie ein Buch geschrieben, aber ich hoffe doch, dieses wird«, sie legte eine Pause ein, »über seinen unmittelbaren Bezug hinausgehen und für sich allein stehen, eine Randgeschichte seiner Zeit werden und sich, um Sie ein wenig zu beruhigen, gewiss nicht ausschließlich mit Politik und den historischen Ereignissen meiner Lebenszeit befassen. Ich möchte auch über Bücher und Menschen schreiben. Ein Buch der Umwege. Ich glaube, E.M. Forster hat gesagt: ›Sag Wahrheit ganz, doch sag sie schief – der Umweg bringt Gewinn.‹ Oder war das«, fragte sie wieder in die Runde, »Emily Dickinson?«

Wenig überraschend kam aus der Runde keine Antwort.

»Aber man sollte nicht so viel darüber reden, sonst wird es nie geschrieben.«

Es war dem Premierminister kein Trost, dass die meisten Leute, die ein Buch schreiben zu wollen behaupteten, es zwar nie geschrieben bekamen, dass man aber bei der Queen und ihrem schrecklichen Pflichtgefühl todsicher sein konnte, sie würde es auch tun.

»Nun, Herr Premierminister«, und sie wandte sich mit heiterer Miene an ihn, »Sie wollten gerade etwas sagen?«

Der Premierminister erhob sich. »Auch wenn wir Ihren Absichten großen Respekt entgegenbringen, Ma'am«, sein Tonfall war entspannt und freundlich, »so möchte ich Sie doch daran erinnern, dass Sie eine einzigartige Stellung bekleiden.«

»Das vergesse ich nur selten«, sagte die Queen. »Fahren Sie fort.«

»Der amtierende Monarch hat, kann ich wohl mit Fug und Recht behaupten, noch nie ein Buch veröffentlicht.«

Die Queen wedelte mit dem Zeigefinger in seine Richtung und merkte dabei, dass diese Geste ein bekannter Manierismus Noël Cowards gewesen war. »Das ist nicht ganz richtig, Herr Premierminister. Mein Vorfahr Henry VIII. hat zum Beispiel ein Buch geschrieben. Gegen die Ketzerei. Darum trägt man heute noch den Titel Verteidiger des Glaubens. Und auch meine namensgleiche Vorgängerin Elizabeth I. hat ein Buch verfasst.«

Der Premierminister wollte protestieren.

»Schon gut, ich weiß, das ist nicht ganz dasselbe, aber meine Urgroßmutter Queen Victoria hat ebenfalls ein Buch geschrieben, *Blätter aus dem Tagebuch der Königin Victoria*, ein ziemlich langweiliges Werk, muss man sagen, und so völlig unanstößig, dass es kaum zu ertragen ist. Kein Vorbild, dem man nacheifern möchte. Und dann war da natürlich«, und nun sah die Queen ihren Ersten Minister durchdringend an, »mein Onkel, der Herzog von Windsor. Der hat ein Buch geschrieben: *Eines Königs Geschichte*, die Geschichte seiner Ehe und seiner folgenden Abenteuer. Wenn sonst schon nichts als Präzedenzfall herhalten kann, dann das doch wohl sicher?«

Da der Premierminister sich für genau diesen Fall mit dem Rat des Generalstaatsanwalts gewappnet hatte, lächelte er nun und erhob fast entschuldigend Einspruch. »Ja, Ma'am, da stimme ich Ihnen zu, aber der entscheidende Unterschied ist doch, dass Seine Königliche Hoheit dieses Buch als Herzog von Windsor geschrieben hat. Er konnte es nur schreiben, weil er vorher abgedankt hatte.«

»Ach, habe ich das noch gar nicht gesagt?«, fragte die Queen. »Aber … was glauben Sie denn, warum Sie alle hier sind?«

London hält stand –
Die Stadt im Zweiten Weltkrieg

Winston S. Churchill

Als die Luftangriffe ihren Anfang nahmen, war man geneigt, ihnen mit Geringschätzung zu begegnen. Im Westend ging jedermann seinen Geschäften und Vergnügungen nach und speiste und schlief wie gewöhnlich. Die Theater waren überfüllt, und in den verdunkelten Straßen wimmelte der Verkehr. All das war vielleicht eine gesunde Reaktion auf das furchtbare Geschrei, das die defaitistischen Elemente in Paris erhoben hatten, als die Stadt im Mai zum ersten Mal ernstlich angegriffen wurde. Ich erinnere mich, dass ich in kleinem Kreise gespeist habe, während lebhafte, dauernde Angriffe im Gange waren. Die großen Fenster des Stornoway House gingen auf den Green Park, der in den Blitzen der Geschütze aufleuchtete und manchmal vom Schein einer explodierenden Bombe erhellt war. Ich hatte das Gefühl, dass wir überflüssige Gefahren auf uns nahmen. Nach dem Abendessen fuhren wir in das Gebäude des *Imperial Chemicals,* welches das Embankment überragt. Von seinen hohen Steinbalkonen öffnete sich ein großartiger Blick über die Themse. Auf dem Südufer loderten mindestens ein Dutzend Brände, und während wir dort oben standen, fielen mehrere schwere Bomben, eine so nah, dass meine Freunde mich hinter einen mächtigen steinernen Pfeiler zogen. Das bestärkte mich in meiner Ansicht, dass wir uns in den gewohnten Annehmlichkeiten des Lebens zahlreiche Einschränkungen auferlegen müssten.

Die Gruppe der Regierungsgebäude rund um Whitehall wurde wiederholt getroffen. Die Downing Street besteht aus zweihundertfünfzig Jahre alten, recht wackeligen Häusern, die von dem profitsüchtigen Unternehmer, dessen Name sie trägt, ziemlich liederlich gebaut wurden. Zur Zeit der Münchner Krise waren für die Bewohner von Nummer 10 und 11 Schutzkeller gebaut worden, und in den Räumen, die auf der Höhe des Gartens lagen, hatte man die Decken durch hölzerne Unterdecken und starke hölzerne Streben verstärkt. Man meinte, auf diese Art würde man die Trümmer aufhalten können, wenn das Haus zusammenbrechen sollte; doch boten natürlich weder diese Räume noch die Kellergeschosse gegen einen Volltreffer Schutz. In den letzten Wochen des September wurden Vorbereitungen getroffen, um mein ministerielles Hauptquartier nach den moderneren und solideren Regierungsgebäuden bei Storey's Gate zu verlegen, die auf den St. James's Park schauen. Wir nannten diese Gebäude den »Annex«. Hier wohnte ich mit meiner Frau bis zum Kriegsende bequem. Wir hatten Vertrauen zu diesem festen Steinbauwerk, und nur bei ganz seltenen Anlässen gingen wir in den Schutzraum hinunter. Meine Frau hängte sogar unsere paar Bilder im Wohnzimmer auf, dessen Wände ich lieber kahl gesehen hätte. Sie setzte ihren Willen durch, und der weitere Verlauf der Dinge gab ihr recht. Vom Dach neben der Kuppel des »Annex« hatte man in klaren Nächten einen großartigen Blick auf London. Hier errichtete man einen Beobachtungsstand mit leichter Bedachung gegen Splitter, und ich konnte bei Mondlicht dort auf und ab gehen und das Feuerwerk der Kämpfe und Brände betrachten. Unter ihnen lagen das Kriegsbüro und eine Anzahl bombensicherer Schlafräume. Damals waren die Bomben allerdings auch kleiner als in den späteren Phasen. Doch in der Zwischenzeit, bevor wir die neuen Räumlichkeiten beziehen konnten, war das Leben in der Downing Street recht aufregend. Man hätte ebenso gut im Gefechtsstand eines Frontbataillons hausen können.

Ein Abend (17. Oktober) ist mir in besonders lebendiger Erinnerung. Wir speisten im Gartenzimmer von Nummer 10, als der übliche Nachtangriff begann. Meine Tischgenossen waren Archie Sinclair, Oliver Lyttelton und Moore-Brabazon. Die eisernen Fensterläden waren geschlossen. Nicht weit von uns hörten wir starke Explosionen, und dann schlug eine Bombe, etwa hundert Meter entfernt, auf der Horse Guards Parade ein und verursachte großes Getöse. Plötzlich hatte ich eine Eingebung. Die Küche von Nummer 10 in der Downing Street ist hoch und geräumig und hat ein großes, etwa acht Meter hohes Fenster. Butler und Dienstmädchen fuhren vollkommen gelassen fort, das Abendessen zu servieren, mir aber kam mit einem Mal dieses große Fenster in den Sinn, hinter dem Mrs Landemare, die Köchin, und das Küchenmädchen unbekümmert an der Arbeit waren. Ich sprang schnell auf, ging in die Küche, wies den Butler an, das Essen auf den Tellerwärmer im Speisezimmer zu stellen, und hieß die Köchin und die andern Dienstleute in den Schutzraum gehen. Ich saß kaum drei Minuten wieder am Tisch, als ein schreckliches Krachen in nächster Nähe erscholl, und eine heftige Erschütterung bewies, dass das Haus getroffen worden war. Mein Detektiv trat ein und meldete, es sei großer Schaden angerichtet worden. Küche, Speisekammer und die Amtsräume im Schatzamt seien zerstört.

Wir gingen in die Küche, um den Schaden zu besichtigen. Die Verwüstung war vollkommen. Die Bombe war fünfzig Meter entfernt auf das Schatzamt gefallen, und der Luftdruck hatte die geräumige, wohlgeordnete Küche mit all ihren funkelnden Pfannen und dem Geschirr in einen schwarzen Schutthaufen verwandelt. Das große Glasfenster war in Splittern durch den ganzen Raum gefegt worden und hätte seine Insassen, wenn sie geblieben wären, in Stücke geschnitten. Doch meine glückliche Eingebung, die ich so leicht hätte missachten können, war im rechten Augenblick gekommen. Die unterirdischen Schutzräume im Schatzamt waren durch einen Volltreffer zertrümmert und die drei Beamten, die als *Home Guard* Nachtwache hielten, getötet worden. Alles lag überdies unter Tonnen von zertrümmertem Mauerwerk begraben, und wir wussten nicht, wer vermisst wurde.

Da der Angriff anhielt und seine Heftigkeit anscheinend noch wuchs, setzten wir unsere Stahlhelme auf und gingen auf das Dach des »Annexes«, um uns das Schauspiel anzusehen. Vorher allerdings ließ ich es mir nicht nehmen, Mrs Landemare und die andern Dienstboten aus dem Schutzraum zu holen, um ihnen ihre Küche zu zeigen. Sie waren beim Anblick des Trümmerhaufens entsetzt, vor allem aber über die schreckliche Unordnung!

Archie und ich stiegen in die Kuppel des »Annexes«. Die Nacht war klar, und der Blick schweifte über London. Der größere Teil von Pall Mall schien in Flammen zu stehen. Mindestens fünf mächtige Brände loderten dort und andere in der St. James's Street und in Piccadilly. Jenseits der Themse, in der entgegengesetzten Richtung, sah man in größerer Entfernung gleichfalls zahlreiche Feuersbrünste. Aber Pall Mall war ein Flammenmeer. Nach und nach ebbte der Angriff ab, und darin ertönte die Entwarnung. Nur die Flammen loderten weiter. Wir gingen in meine neue Wohnung im ersten Stock des »Annexes« hinunter und trafen dort Hauptmann David Margesson an, den »Ersten Einpeitscher«, der gewöhnlich im Carlton Club wohnte. Er erzählte uns, der Club sei völlig zerstört worden, und nach der Lage der Brände hatten wir bereits angenommen, dass das Haus getroffen worden war. Margesson war mit zweihundertfünfzig Mitgliedern und Angestellten im Club gewesen, als das Haus von einer schweren Bombe getroffen wurde. Die ganze Fassade und die massive Mauerkappe an der Pall-Mall-Seite seien auf die Straße gestürzt und hätten sein Auto verschüttet, das er neben dem Hauptportal geparkt hatte. Im Rauchsalon hätten sich viele Mitglieder befunden, und die ganze Decke sei über ihnen eingebrochen. Als ich am nächsten Tag die Ruinen besichtigte, schien es mir geradezu unglaublich, dass nicht die meisten umgekommen waren. Doch wie durch ein Wunder waren sie alle aus Staub, Rauch und Trümmern hervorgekrochen, und wenn auch viele verletzt waren, so war doch keiner ums Leben gekommen. Als diese Ereignisse dem Kabinett berichtet wurden, meinten unsere Kollegen von der Labour Party boshaft: »Der Teufel lässt die Seinen nicht im Stich!« Quintin Hogg hatte seinen Vater, einen einstigen Lordkanzler, auf seinen Schultern aus den Trümmern getragen wie Aeneas den Vater Anchises aus den Ruinen von Troja. Margesson hatte keine Schlafstelle, und wir fanden für ihn im Kellerraum des »Annexes« ein Bett und Decken. Alles in allem war es ein gespenstischer Abend, und angesichts der Häuserschäden musste man staunen, dass es nicht mehr als fünfhundert Tote und etwa zweitausend Verletzte gab.

Wenn unsere Städte unter den Angriffen leiden sollten, so war es mir am liebsten, dass der Hauptstoß gegen London geführt wurde. London war wie ein mächtiges, prähistorisches Tier, imstande, furchtbare Verletzungen und Verstümmelungen zu erleiden, aus zahllosen Wunden zu bluten und dennoch Leben und Beweglichkeit zu bewahren. Die Anderson-Schutzräume waren in den Arbeitervierteln mit den zweistöckigen Häusern sehr verbreitet, und alles wurde getan, um sie einigermaßen wohnlich zu machen und bei nassem Wetter zu entwässern. Später verwendete man den Morrison-Schutzraum, der nichts anderes war als ein schwerer Küchentisch aus Stahl mit starken Seitenwänden aus Drahtgeflecht, wohl imstande, die Trümmer eines kleinen Hauses zu tragen, und somit einen gewissen Schutz bietend. Viele danken ihm ihr Leben. Im Übrigen – »London hielt stand«. Die Londoner hielten allem stand und hätten auch noch größerer Belastung standgehalten. Damals glaubten wir fest, dass das Ende die völlige Vernichtung der Hauptstadt sein würde. Doch, wie ich zu jener Zeit im Unterhaus betonte, gilt das Gesetz der abnehmenden Wirkung im Falle der Zerstörung großer Städte. Bald würden zahlreiche Bomben nur noch auf bereits eingestürzte Häuser fallen und nur den Schutt aufwühlen. Auf weite Strecken würde nichts mehr zu verbrennen oder zu zerstören sein, und dennoch würden menschliche Wesen da und dort ihr Heim aufschlagen und mit unendlicher Findigkeit und Standhaftigkeit ihre Arbeit fortsetzen.

Streifzug durch das East End

Egon Erwin Kisch

London ist anders. Nicht nur anders, als es in den landläufigen Vorstellungen lebt, auch ganz anders als alle andern Städte der Welt. In Paris kann sich niemand mehr verirren, der einen Stadtplan mit den beiden konzentrischen Boulevardkreisen gesehen; mit den Köruts in Budapest, der Ringstraße und dem Gürtel in Wien, mit den Boulevards in Brüssel ist es ziemlich ähnlich; in Berlin orientiert man sich, da die Gattung der Straßennamen in jedem Viertel einer bestimmten Begriffsgruppe entnommen ist. Ja, selbst in Städten, deren Sprache man nicht versteht, findet man sich schneller zurecht als in London. In Griechenland, wo die Aufschriften neugriechisch sind, in den Dörfern Südungarns und des slawonischen Istrien, im Konstantinopel des alten Regimes und drüben im wildesten Kleinasien, wo keine Menschenseele eine Kultursprache versteht, ist man rasch heimisch. Aber hier in London – nirgends gehen Straßen und Plätze so wirr durcheinander, nirgends sind Sitten und Lebensweisen so verschieden von denen des übrigen Europa wie in London. In den ersten Wochen muss man Angst haben, irgendwo in Hendon oder in Blackheath oder in Walham Green aufzutauchen, von wo kein Bus und keine Tube nach der City

Proper führt, wo die Fragen nach den Straßen des Westend mit verständnislosem Achselzucken beantwortet werden. Es ist schwer für jemand, der es nicht von Kindheit an gewohnt ist, sich um sechs Pence von dem mitten in der Straße auf dem Wagen hockenden Weibe ein Dutzend Austern zu kaufen und diese auf dem Trottoirrand sitzend zu verspeisen, es ist nicht jedes Kontinentbewohners Sache, in den Topf mit »snacks and shrimps«, der am Bareingang hängt, zu greifen und eine Handvoll von Krabben und Schnecken zum Munde zu führen. Auch die »Kidneys Pies«, die Nierenpasteten, zu zwei Pence verträgt nur der Zehnte. Und in einer Bar des Black-Lion-Yard, wo wir Weißfisch bestellten, missverstand der Barkeeper und brachte Whistkarten. Fast alles wird stehend gegessen, und wenn man sich einmal nach einem ruhigen Abendbrot sehnt und in ein Hotel am Piccadilly einkehren will, so macht der Portier darauf aufmerksam, dass man einen Frack haben müsse.

Bereits bei der Ankunft merkt man, dass es in London ganz anders ist als anderswo. Der Bahnhof ist eigentlich eine Straße, der Stand der Droschken ist an der Plattform der Züge, man reicht, den Träger ersparend, das Gepäck aus dem Waggon direkt in die Kutsche. Keine Bahn ist staatlich, keine ist privilegiert. Das Bahnhofsgebäude ist ein vierstöckiges Hotel. Im Hansom, der zweirädrigen Sänfte, fährt man ins Boarding House; der Kutscher sitzt hinter den Passagieren und führt über deren Kopf die Zügel. Von den Türmen schlägt es acht Uhr morgens; jeder Glockenschlag ist ein vierfacher Akkord. Das Frühstück wird serviert: Tee mit Toast und einem unförmigen Brot (oder ists die Missgeburt einer Riesensemmel?), mit Marmelade und Butter und mit drei Gängen, Fische, ein Fleischgericht und Bacon and Egg.

In den Straßen tobt der Verkehr. Knaben lenken Fuhrwerke, Frauen Automobile, die Kondukteure der Omnibusse preisen ihre Linie an, haarscharf fahren Autotaxi und Motoromnibusse aneinander vorüber, die trabenden Pferde berühren den Kopf der Fußgänger. Überall steht »Bobby« wie ein Fels im Meer, nicht Federbusch noch Waffe leihen ihm Respekt; er stellt sich mit dem Rücken unmittelbar vor den sausenden Motorwagen, hebt die Hand und hinter ihm stauen sich fünfzig Wagen. Da er den Arm sinken lässt, geht sie weiter, die wilde, verwegene Jagd. Mitten im Trubel, ganz nahe vom Hyde Park Corner, zwischen dem königlichen Buckinghampalast und der feudalen Piccadillystraße, weiden Schafe in idyllischer Ruhe, als ob sie nicht im Green Park, sondern in biblischer Landschaft lebten. Vor dem Kino stehen Menschen in etwa zweihundert Meter langer Reihe; niemand drängt sich, man steht in bequemen Intervallen und liest die Zeitung oder lässt sich von dem Burschen belustigen, der – er sieht aus wie ein heruntergekommener Oscar Wilde – auf dem Asphalt der Fahrbahn einen Niggertanz aufführt; die Wagen weichen dem Tänzer aus, und Schutzleute schauen ihm zu, bis der Tanz zu Ende ist und der Künstler einsammeln geht. Draußen in östlicheren Bezirken nehmen ein Dudelsackpfeifer oder ein bemaltes Kurbelklavier die Stelle des Tänzers ein. Am Victoria Embankment malt ein fußloser Mann Porträts europäischer Staatsmänner mit Buntstiften aufs Pflaster, damit ihm der Passant einen Halfpenny hinwerfe. Von neun Uhr früh an verschleißen Kolporteure die Abendblätter, die von da ab fast jede Stunde erscheinen, immer um Meldungen und an Umfang vermehrt, bis das Blatt um sieben Uhr abends dreimal so stark ist. In offenen Läden der City wird von morgens bis abends alles in privater Auktion versteigert. Kaffeehäuser, wo man in Ruhe Zeitungen lesen könnte, gibt es nicht. Zigaretten werden nach Gewicht verkauft, es gibt keine Nachttischchen in Hotelzimmern, die Stubenmädchen sind unnahbar. Um halb ein Uhr nachts schließen die Restaurants, fahren die letzten Untergrundzüge und es wird fast leer in der bevölkertsten aller Städte.

Nur draußen, am Ostende der Stadt, lebt auch die Nacht. Der Jago-Court, dessen Greuel Morrisons Feder schildert, ist gefallen, seine Greuel leben fort. Schon hinter Houndsditch, dem Partiewarenhändlerviertel, das in den Schilderungen der großen Anarchistenschlacht von Sydneystreet ärger dargestellt wurde, als es ist, und hinter den Minories, deren Trödlerläden bis zum Tower führen, beginnt sichs zu zeigen, dass hier die Not wohnt – ganz, ganz nahe der Bank von England, der Londoner Börse, den Lloyds, dem Cornhill, dem Lombard und der Fenchurch Street, den Straßen des Waren-, des Wechsel- und des Geldverkehrs und denen des Kolonialgroßhandels. Vor den Buden der Fleischer überschreien sich die Ausrufer, an den Wagen der Gemüsehändler feilschen Frauen mit schmutzigen Haaren, und bis auf die Fahrbahn hinaus drängen sich Greise, Männer, Mädchen und Kinder in dem Laden, dessen Auslagsschild besagt: »Hier werden Kartoffeln gebraten.« Aber noch brennt in Aldgate High Street und in Whitechapel Road scheuchendes Licht elektrischer Lampen, noch stehen Polizeimänner mit Laternen am Gurt und eingerolltem Mackintosh in der Hand an Straßenecken. Erst rechts und links von der Hauptstraße herrscht das Dunkel.

Jedes dritte Geschäft ist eine Kneipe. Gin, Whisky, Rum, Brandy, Port, Oatmeal stouts und Pale-Ale aller Sorten werden in Aufschriften angepriesen. Hinter einem Hufeisenschalter regiert der Barkeeper, umgeben von seinen Gesellen männlichen und weiblichen Geschlechts. Der Wirtshausraum ist durch drei von der Wand bis zur Bar führende Verschalungen in drei Teile geteilt, damit sich das Gedränge nicht auf einen Punkt konzentriere. An jedem der drei Eingänge hängt ein Topf mit tüchtig gesalzenen Krabben und Schnecken, unentgeltlich zu genießen, denn es bringt Durst. Schmutzige Hän-

de greifen tief in die Gefäße, »Noch einen Brandy!« Der Wirt
schiebt das leere Glas hinter das Pult auf eine Metallrinne,
zieht an einem schwarzen Kolben, der oberhalb des Glases
auf dem Tisch steht, und durch einen Hahn fließt Brandy in
das Glas. Etwa dreißig solcher Kolben sind auf dem Tisch an-
geschraubt: für jedes Tränklein einer. Auch Bier wird ausge-
schenkt, in Holzgefäßen und in Zinnkrügen. Man kann sie auf
Konsole stellen, wenn man die Hände frei haben will, um in
den Schneckentopf zu langen. Weiber zechen hier (sie tragen
Männermützen, mit Hutnadeln festgesteckt), Neger, Söldner
in roten Röcken, Inder, Chinesen und Knaben. Auf der Straße
vor dem Eingang bläst ein Trompeter eindringlich ein Lied in
das Wirtshaus hinein, um das Spielhonorar einzuheben, wenn
die Gäste herauskommen.

Weiter gegen Südosten: Whitechapel ist zu Ende, die dunklen Gassen, deren Bezeichnungen nicht mehr zu entziffern
sind, gehören zu Stepney und sind südliche Parallelstraßen
zu Mile End Road. Niedrige Häuser, vor denen noch spät in
der Nacht Kinder spielen und die armen Passanten anbet-
teln. Durch den Flur blickend, sieht man mitten in die matt
erleuchteten Wohnstuben, wo Leute bei Tisch sitzen oder im
Bett liegen. In kleinen Verbindungsstraßen brennt überhaupt
kein Licht, und man ist froh, dass man niemandem begegnet.

Aus einer schlecht beleuchteten Schenkstube, die auch der
lockenden Aufschriften enträt und demnach wohl nur auf ihre
Stammgäste reflektiert, wird ein Zerlumpter mit Fußtritten
aufs Pflaster geworfen. Sein Weib drängt sich mit seinem Hut
aus der Wirtsstube zu ihm, sie stößt schrille Schimpfworte,
Flüche und Drohungen aus, paritätisch gegen die Insassen der
Bar und gegen ihren Mann. Der wälzt sich auf dem Pflaster
und speit.

Immer lebhafter wird es, je mehr man sich der Themse nä-
hert. Wie Sperrbäume stehen schlampige Frauenzimmer in-

mitten der schmalen Gässchen, an der Ecke lauern ihre Ritter. Die Tavernen tragen einladende Namen: Zum guten Freund des Schiffers, Zum durstigen Bootsmann, im Innern rasseln Orchestrions. Vor einer Laterne ist eine Menschenansammlung: zwei wütende Burschen von kaum sechzehn Jahren tragen einen Boxkampf aus, die Fäuste prasseln auf Nase und Bauch, die Knöchel auf Kinn und Schläfe, oft so heftig, dass der Angreifer angeknockt zurücktaumelt und zu Boden stürzt, die Kämpfer begleiten ihre Schwinger mit Todesdrohungen und wüstem Geschimpf, das Publikum schürt durch anfeuernde Zurufe das Match, Blut fließt, ein Polizist kommt vorüber und schaut dem Kampfe höchst interessiert zu.

Auf Drehbrücken geht es über die Docks, an den endlosen Mauern der Lagerplätze, der Packhöfe und der Warenschuppen vorbei bis zu den Werften, die die Themse umsäumen. Einstmals waren die Rundtürme des Tower Weltwunder der Höhe; jetzt werden sie überragt von Kranen, Schloten und Masten, die sich in rauchig-dunkler Luft kreuzen. An den Rampen fünfstöckiger Wharfs flüstern Stimmen beiderlei Geschlechts, liegende Körper bewegen sich ungeniert. Auch Malaien sitzen da mit baumelnden Beinen; sie lassen die nächtlichen Fußgänger Revue passieren, und ihr Sinn steht gleichermaßen nach Liebe wie nach Geld. Ihre Augen funkeln unheimlich aus gelbem Gesicht. Ach was, hier gibts auch wieder mehr Schutzleute. England schützt seinen Handel, und Millionenwerte sind in diesem Bezirke aufgespeichert. Freilich, die Zahl der Hafendiebstähle ist trotzdem ungeheuer groß, und die Polizisten sind sehr gefährdet. Jährlich werden hier dreihundert »Blaue« im Dienst verletzt.

Überall ist Gesang in den Schenken, Gegröle an den Mauern der Häuser, überall verrichten Männer und Frauen ihre Notdurft, überall torkeln bezechte Matrosen, breitschultrige Auslader, Nigger und Kulis, die die Schiffe waschen, Gehilfen der Schiffsbauer, Vaganten und Hafenhuren durch verwahrloste Häuserreihen. Ein ungeheurer Hafenbezirk ist es, der von Wapping über Shadwell, Limehouse und Poplar zu durchschreiten ist, bevor wir durch Bromley wieder auf die Höhe Whitechapels kommen.

Die Gestalten hier haben schwermütigere Gesichtszüge als die im Hafenviertel, wo im Reiche der Millionenware schließlich doch auch Geld unters Volk kommt, wo doch Löhnungen vom Schiff und Laderaum verprasst werden können. Hier aber, in Spitalsfield, in Shoreditch, in Bethnal Green und in Hoxton trinkt man nicht, um den Aufenthalt am Festland genießend auszunützen, hier trinkt man, um Schmerz und Not nicht zu fühlen. Durch Fensterläden sieht man in Wohnstuben-Werkstätten, wo beim Schein von Öllämpchen die bärtigen Schneider und Schuster arbeiten, die russischen Schirmmützen auf dem Kopf. Frauen helfen, und Kinder nähen Knöpfe an. Es sind sehr viele Kinder in jedem der Stübchen; quittengelb und rachitisch, mit dem Stempel des Hungers gezeichnet. An manchen Häusern kauern Arbeiter und rauchen; es sind Bedienstete der Möbelfabriken. Vor den vereinzelten »Hannoveran-houses« für Arbeiterwohnungen, deren Stiegenhäuser gegen die Straße zu offen sind, sitzen Menschen wie Schwalben auf dem Telegrafendraht. Fast in jeder Gasse wird das Einerlei der Armseligkeit von einem Gebäude unterbrochen, dessen Fensterläden freundliche Blumentöpfe zieren und deren Plakate in hebräischen Lettern zur Taufe laden und dafür Seelenheil, lohnende Arbeit, Gesundheit, Bildung, Zukunft und Geld für Männer, Frauen und auch für Kinder versprechen. Aber die Armen rackern sich in Krankheit, Schmutz und Sorge und schauen gar nicht hinüber.

Die Lokomobile des Kartoffelbraters umlagern Kinder und Frauen. In einer Ecke unterhandeln zwei Männer, die nicht hierher passen, wo die weltberüchtigten »madgod ruffians«

die Hochschule ihrer Räuber- und Messerstechkünste haben; die beiden sehen wie vollendete Gentlemen aus. Ihre Unterredung ist erregt, aber so leise, dass man keine Silbe aufschnappen kann.

Das achtundachtzigste Haus der Hanbury Street ist geweiht für alle Zeiten; jeder weiß es im Londoner Osten, dass hier Jack der Aufschlitzer ruhmreich gelebt hat.

In einigen Gassen werden Abendmärkte abgehalten; die Gasolinflammen der Stände flackern unruhig und fahl nach allen Seiten. Von einem Wagen, der die Transparentaufschrift »Syndicalists« trägt, redet ein Mann laut zu ein paar Versammelten: »Abschaffung des Privateigentums an Erwerbsmitteln, direkte Aktion, the mistakes of Charles Marx, individuelle Selbsthilfe«, und dergleichen.

Mit ungeheuren Wohltätigkeitsbauten haben einige Millionäre Englands ihr Gewissen beruhigt, von der Melodramatik der Dickens'schen Romane und den Predigten der Reverends bewegt, sind hier philanthropische Institutionen erstanden, der Volkspalast, das Hospital, Dr. Bernardos Homes, Toynbee Hall, Volksbibliotheken, Museen, Parks und Schulen – aber überall wächst neues Elend und neues Verbrechen aus dem Dünger der Gosse und der Wohnungen empor!

Tschinellenklänge, Trompetenstöße, Trommelwirbel in der Winkelgasse, mitten in der doppelten Nacht? Es ist die Musikkapelle der Heilsarmee, von einer Kompanie uniformierter Knaben begleitet und von einem ihrer Offiziere, der an einer nahen Straßenecke die Menge in einer Predigt zur Einkehr, zur Mäßigkeit und Buße mahnen wird. Die Großen und die Kleinen aus der Armengasse lassen die Jazzband Jesu Christi vorbeimarschieren. Sie haben keine Zeit, dem Marsch zu folgen, sie haben keine Hoffnung.

Hier über dem Osten liegt der Schatten der Stadt, über der nur im Westen die Sonne leuchtet.

Welche Fülle! Welcher Glanz!

Theodor Fontane

Es ist mit der englischen Kunst wie mit dem englischen Leben überhaupt: die Straße, die Öffentlichkeit bietet wenig von beiden. Man könnte sagen, das sei das Wesen des Nordens; indes man braucht nicht nach dem Süden zu gehen, um es anders zu finden. In München, Berlin und Brüssel trifft das Auge angenehm überrascht, an Giebeln hier und unter Arkaden dort, auf die Vorläufer des Freskobildes, das Miene macht, über die Alpen bei uns einzuwandern, und beschränken wir uns gar auf das Monumentale und eine Vergleichung dessen, was die Straße hier dem Beschauer bietet und was bei uns, wie reich sind wir Armen da. Jeder Fremde, der Berlin besucht und überhaupt ein Auge mitbringt für die Werke der Skulptur, wird auf einem einzigen raschen Gang durch die Stadt, vom Kurfürsten ab bis zur Quadriga des Brandenburger Tores hin, mehr Anregungen und Eindrücke mit nach Hause nehmen, als nach *der* Seite hin ganz London ihm zu bieten vermag. Wer die englische Bildhauerkunst bewundern, oder wenn ihm Zweifel an ihrer Existenz gekommen sein sollten, sich wenigstens von ihrem Dasein überzeugen will, der suche Zutritt zu den Galerien der Großen und Reichen zu erlangen, oder gehe, wenn er das Bequemere vorzieht, nach St. Paul und Westminster: der erste Schritt in die Kirche, der flüchtigste Umblick darin, wird ihm Gewissheit geben, dass es eine englische Meißelkunst gibt.

Richten wir für heute unser Augenmerk lediglich auf die öffentlichen Denkmäler und beginnen wir mit der City. Wir kommen von der Londonbrücke und haben zur Rechten das »Monument«, die berühmte Denksäule, die im Jahre 1677 zur Erinnerung an das große City-Feuer (dem Londonbrücke und Paulskirche zum Opfer fielen) errichtet wurde. Ich habe nichts gegen diese Säule – wiewohl ich nicht recht fasse, was man mit ihrer Aufstellung und der steten Vergegenwärtigung eines großen Unglücks bezweckte –, muss aber feierlichst protestieren gegen die zweiundvierzig Fuß hohe Flammenurne, womit eine konfuse Pietät und der barste Ungeschmack den Knauf jener Säule geschmückt haben. Die vorgeblichen Flammenbüschel dieser Urne sind alles Mögliche, nur eben keine Flammen, und da es dieser goldenen Kuriosität gegenüber, ähnlich wie beim Bleigießen in der Neujahrsnacht, der Fantasie jedes Einzelnen überlassen bleiben muss, was sie aus diesen Ecken und Spitzen herauszulesen für gut befindet, so mach ich keinen Hehl daraus, dass ich die Flammenurne für ein riesiges Kissen mit hundert goldnen Nadeln und infolge davon die berühmte Säule selbst für ein Wahrzeichen der ehrsamen Schneiderzunft gehalten habe, dessen historische Begründung mir leider nicht gegenwärtig sei. Das Piedestal trägt neben Basreliefs, die sichs angelegen sein lassen den komischen Eindruck des Ganzen nicht zu stören, die Anzeige, dass es erlaubt sei, gegen Zahlung eines Sixpence, die Säule zu besteigen. Hat diese Erlaubnis den Zweck, die wunderliche Flammenurne auch in der Nähe bewundern zu können, so wird man durch solch humane Fürsorge in seiner guten Laune nicht wenig bestärkt; indes es handelt sich wohl um

die Aussicht, um das London-Panorama, das man von oben
genießen soll, und hier wolle mir der Leser erlauben abzuschweifen und ihn vor dem Erklettern von Türmen und Säulen ein für alle Mal zu warnen. Während meines Aufenthalts
in Belgien hab ich mir diese Erfahrung mit manchem Fran-
kenstück, mit Beulen an Kopf und Hut und schließlich mit
dem jedesmaligen äußersten Getäuschtsein erkaufen müssen.
Woran liegt das? Der Turm führt uns nur dem Himmel näher,
und diesem denn doch nicht nah genug, um eine Reiseaus-
beute davon zu haben; von allem andern entfernt er uns, die
Ferne bleibt Ferne, und die Nähe wird zur Ferne. In Brüssel bestieg ich den Rathausturm: der Führer streckte seinen dicken
Finger aus, wies auf einen schwarzen Punkt am Horizont und
sagte ernsthaft: voilà le Lion de Waterloo! In Antwerpen musst
ich einen blinkenden Streifen bona fide als das Meer hinnehmen, sodass man, zur Besinnung gekommen, sich eigentlich
schämt, Punkte und Striche als Sehenswürdigkeiten ernsthaft
beobachtet zu haben. Und blickt man nun in die Nähe, was
hat man? Dächer! Wenns hoch kommt, flache und schräge,
schwarze und rote, aber doch immer nur Dächer. Unsere Bauten nehmen, wie billig, noch Rücksicht auf den Menschen, der
geht. Wenn wir erst fliegen werden, dann wird das Zeitalter
der Dächer gekommen sein; aller Schmuck der Fassaden: Re-
liefs und Bildsäulen (natürlich alle liegend wie auf Grabmä-
lern) werden ihren Platz dann auf dem Dach, der neuen Front
des Hauses, einnehmen, und der Reisende mag *dann* Türme
erklettern oder wenigstens auf ihnen rasten.

Doch kehren wir zurück in die City. Wenige hundert Schritte von der Säule entfernt, wo sich die King William Street zu
einem kleinen Platze erweitert, finden wir das neueste öffentliche Denkmal Londons: die Statue König Wilhelms IV., das
neueste und zugleich beste. Aber das beste ist kein gutes oder
gar ein bedeutendes; seine relativen Vorzüge bestehen in dem

Fehlen alles Störenden und Geschmacklosen. Ruhig blickt
der König zur französischen Küste hinüber, als wollte er mit
unterdrücktem Gähnen sagen: »Kommt ihr – gut! Kommt ihr
nicht – noch besser!« Und mit ähnlicher Gleichgültigkeit geht
der Beschauer an dem Denkmal selbst vorbei, das allenfalls
befriedigen, aber nicht anregen und entzünden kann. Das
Interessanteste der Statue ist ihre Ausführung in Granit. Das
englische Klima, dem Marmor wie dem Erz in gleichem Maße
ungünstig, wies darauf hin, ein Auskunftsmittel zu suchen.
Man wählte den Granit, und das Geschick, mit dem sich die
englische Skulptur diesen spröden Stoff dienstbar zu machen
verstand, hat umso mehr Anspruch auf Dank, als bei der voll-
ständigen Unleidlichkeit jener Patina, womit Luft und Rauch
alles Erz hier, und zwar in kürzester Zeit, umkleiden, erst von
jetzt ab an öffentliche Denkmäler, die sich des Anblicks ver-
lohnen, zu denken sein wird.

Wir schreiten weiter, lassen vorläufig eine Welling-
ton-Statue zur Rechten unbemerkt, und gelangen an St. Paul
vorbei, durch Fleet Street und Strand auf den Trafalgar Square.
Hier blickt es uns an, rechts und links, von Kapitälern und Pie-
destalen herab, und wir machen halt. In der Mitte des Platzes
erhebt sich die hundertsiebzig Fuß hohe Nelsonsäule; auf
ihr der Sieger von Abukir selbst. Ob die Statue gut ist oder
schlecht, mag ein anderer entscheiden als ich; auf eine Entfernung von hundertsiebzig Fuß bescheidet sich mein Auge
jeder Kritik und überlässt es den Teleskopen, Nachforschun-
gen anzustellen. Nur so viel: Nelson trägt Frack und Hut, aller
Gegnerschaft zum Trotz, auf gut napoleonisch, und die Statue,
wie sie da ist, auf den Vendome-Platz zu Paris statt auf den
Trafalgar Square in London gestellt, sollt es ihr nicht schwer-
fallen, vielen tausend Beschauern gegenüber, den englischen
Admiral zum französischen Kaiser avancieren zu lassen. Man
hat keine anderen Anhaltspunkte als den schlaff herabhän-

genden Rockärmel, drin der Arm fehlt, und das Gewinde
von Schiffstau, dran der Rücken sich lehnt; das Einzige, was
jeden Zweifel lösen könnte, entzieht sich der Beobachtung –
das Gesicht. Ich möchte hieran ketzerischerweise überhaupt
die Frage nach dem Recht der künstlerischen Zuverlässigkeit
dieser Säulen knüpfen. Sie geben nicht, was sie geben wollen,
und deshalb hab ich Bedenken gegen die ganze Gattung. Eine
Nelsonsäule zum Beispiel, die sich faktisch, wie die vor uns
befindliche, nicht mit dem Namen des Mannes begnügt, den
sie verherrlichen will, sondern dadurch, dass sie ihn *in effigie*
auf ihren Knauf stellt, auch die Absicht ausspricht, mir sein
Bild einprägen zu wollen, bleibt hinter einem bloßen Gedenk-
stein insoweit zurück, als sie das Plus ihrer Aufgabe nicht erreicht und bei hundertsiebzig Fuß Höhe nie erreichen kann.
Die Skulptur tut ihr Werk dabei sozusagen umsonst und wird
selbst da zum »Jüngern Sohn«, wo sich, dem Prinzip nach, die
künstlerische Ruhmeserbschaft wenigstens teilen sollte.

Vor der Nelsonsäule, das Antlitz nach Whitehall gewandt,
steht die Reiterstatue Karl Stuarts. Wohl ist ers: der feine Kopf,
in dem sich Majestät mit jenem wunderbaren Zuge mischt,
der auf ein tragisches Schicksal deutet. Er ist es, aber so klein
wie möglich. Er reitet nach Whitehall hinab, als drücke ihn
immer noch die Schmach, die seiner dort harrte, und als
fühlte er, dass das Schwert ihm fehle, das – o bittres Spiel des
Zufalls! – die Hände eines Straßenbuben vor Jahr und Tag ihm
raubten: Wie wenig ist diese Statue und wie viel hätte sie sein
können, wie viel hätte sie sein müssen in dem loyalen, königlichen England. Es war ein poetischer, glücklicher Gedanke,
den Platz der Schmach nicht zu scheuen und das Haupt des
Königs gerade dorthin blicken zu lassen, wo es fiel, aber dann
müsste dieses Haupt ein andres sein und der ganze Reiter dazu, dann müsste Sieg und Hoheit von dieser Stirne leuchten
und jede Fiber nach Whitehall hinunterrufen: »Ich bin doch

König!« Ein Rauch'sches Denkmal an dieser Stelle wäre eine Verherrlichung des Königtums gewesen; was der Platz jetzt bietet, ist eine Fortsetzung der alten Demütigung.

Nach dieser Seite hin leisten die öffentlichen Denkmäler Londons überhaupt das Mögliche. Was ist die Reiterstatue Georgs III. (in unmittelbarer Nähe des Trafalgar Square), was ist sie anders als eine öffentliche Bloßstellung, eine Verhöhnung. Ein wohlbeleibter Mann mit einer schrägen, höchstens zwei Zoll hohen Stirn, krausem, fast negerhaftem Haar, einem wohlangebrachten Zopf im Rücken und dem Ausdruck der Gedankenlosigkeit im Gesicht, sitzt, den Hut in der Hand, nicht nur nicht als König, sondern geradezu als Karikatur zu Pferde, und das mitten im Trab zurückprallende Tier legt einem die Vorstellung nahe, dass es in einer Wasserlache am Wege plötzlich seines eigenen Reiters ansichtig und vor solchem Bild scheu geworden sei. Wenn ein König für die Kunst nichts bietet, so ehre man ihn, solang er lebt, und begrabe ihn, wenn er tot ist; die erzerne Verewigung einer königlichen Unbedeutendheit kann niemandem ungelegener sein als dem Königtum selbst.

Soll ich noch von der Yorksäule sprechen, deren erzernes Herzogsbild, zu äußerster Lächerlichkeit, die goldne Spitze eines Blitzableiters wie einen bankrotten Glorienschein trägt, dessen anderweitige Strahlen nach rechts und links hin fortgefallen sind? Nein! Überlassen wir es einer Feuer-Versicherungs-Gesellschaft, an dieser Vorsichtsmaßregel Gefallen zu finden und wenden wir uns lieber zum Herzog Wellington, dem Mann der ausschließlichen Denkmalberechtigung. Jede Malerakademie hat ihr Modell und die Londoner Bildhauerkunst – ihren Herzog. Wir begegnen ihm auf unsrer Wanderung dreimal: in der City als »jungem Feldherrn«, als »älterem Herrn« vor Apsley House und als »Achill« im Hyde Park. Dieser »Achill«, laut Inschrift eine Frauenhuldigung in

Kanonenmetall, ist eine längst verurteilte Geschmacklosig-
keit und steht auf der Höhe jener lyrischer Liebesgedichte, die
schamhaft ihren rechten Namen verleugnen und *sub rosa* von
Damon und Phyllis sprechen. Was die Ausführung angeht, so
erinnert sie an den Apoll von Belvedere unseres Tiergartens.
»Der junge Feldherr« in der City ist ein anständiges Mittelgut,
zu gut für den Spott und zu schlecht für die Bewunderung;
was bleibt da anders als – schweigen. Der »ältliche Herr« bietet schon mehr: Es ist ganz ersichtlich, dass er die Gicht hat,
dass es ihm die größte Anstrengung kostete, in den Sattel zu
kommen und dass er ohne seinen weiten Regenmantel so früh
in der Morgenluft unrettbar verloren wäre. Sein Federhut und
der Marschallsstab in der Hand machen eine verzweifelte
Anstrengung, ihm ein Feldherrnansehen zu geben, allein vergeblich, es ist und bleibt das langweilige Bild eines Mannes,
der doppelte Flanelljacken trägt. Nur eines übertrifft ihn an
Steifheit, das ist das Pferd, welches er reitet. Die Mitwelt hat
ihre großen Männer durch undankbare Unterschätzung nur
allzu oft verbittert; in Herzog Wellington haben wir ein Beispiel vom Gegenteil: Die Liebe der Zeitgenossen mochte der
Nachwelt nichts zu tun übrig lassen. Wenn nichtsdestoweni-
ger dem Gefeierten Zweifel kommen sollten an dem unbe-
dingten Glück solcher Verewigung, so haben wir als Trost für
ihn das horazische Wort, dass Lied und Geschichte, drinnen er
fortlebt, »dauernder sind als Erz«.

Es ist Sonnabend Nachmittag, die Sonne lacht so heiter nieder wie es die dunstigen Straßen nur irgendwie gestatten, aber
mir selber nimmt die Sonnenheiterkeit nichts von meiner ir-
dischen Verstimmung und ich greife zu meinem letzten Erhe-
bungs- und Zerstreuungsmittel, zu – einer Omnibusfahrt von
Westend bis in die City.

Da kommt er schon mein alter Freund der Royal Blue, der

zwischen Hyde Park Corner und der London Bridge läuft, und seinen höchsten Platz mit der doppelten Raschheit eines deutschen Turners und Londoner Pflastertreters erkletternd, rollt der Wagen in demselben Augenblick weiter, in dem er anhielt, mich aufzunehmen. Ein Blick nach links in den Hyde Park und rechts auf den Triumphbogen des alten Siegesherzogs! Nun aber die Augen gradaus und hinein in das Treiben Piccadillys, dessen Pflaster wir jetzt geräuschlos hinunterfahren.

Die erste Hälfte Piccadillys gleicht einem Quai: Zur Linken nur erheben sich Paläste und Häuser, rechts aber dehnt sich, einer Wasserfläche gleich, der Green Park aus und labt das Auge durch seinen Rasen und die freie Aussicht zwischen den Bäumen hindurch. Ein leiser Wind weht herüber und nimmt auf Augenblicke dem Tage seine Schwüle; mir aber wird freier um die Stirn und unter Lächeln gedenk ich meines Heilmittels, das sich wieder zu bewähren scheint.

Weiter geht es, der Quai verengt sich zur Straße und verliert an Vornehmheit, schon aber biegt der Coachman rechts in Regent Street hinein, und die Zügel nachlassend geht es jetzt bergab und rascher denn bisher dem schönen Waterloo-Platze zu. Vor uns steigt die Yorksäule auf; Carlton House, der Sitz der preußischen Gesandtschaft, zeigt uns seine hohen Eckfenster; Palast neben Palast lagert sich vor unsern Blick, aber eh wir noch die Minervastatue auf einem derselben mit Sicherheit erkannt haben, wendet sich der Omnibus, links einbiegend, dem östlichen Ausläufer der Pall Mall Straße zu, und an Hotels, Kunstläden und Clubhäusern vorbei geht es dem eigentlichen Mittelpunkte Londons, dem Trafalgar Square entgegen.

Da sind wir: Die Fontänen tun das Ihre (freilich nur ein bescheidner Teil); der Sieger von Trafalgar schaut von seiner Kolonne herab; die National Gallery zieht sich, als fühle sie die Schwächen ihrer Schönheit, bescheiden in den Hintergrund zurück, und von Northumberland House hernieder grüßt uns der Wappenlöwe des Hauses, der mit gehobenem Schweif dort oben frei in Lüften steht und von den Percys, dem Löwengeschlechte Alt-Englands, erzählt.

Immer weiter! Der Square liegt dicht hinter uns; das ist der »Strand«, der sein buntes Leben jetzt vor uns entfaltet. Er ist die Verbindungslinie zwischen Westend und der City, und der Charakter beider findet sich hier in raschem Wechsel nebeneinander. Neben den immer zahlreicher werdenden Läden und den Theatern zweiten Ranges erheben sich Paläste wie King's College und Somerset House, und neben der Lady, die eben die Requiemprobe oder das Oratorium in Exeter Hall verlässt, an dessen Aufführung sie sich mit gutem Willen und schwacher Stimme beteiligte, schreitet der Affichenträger, diese originelle Erfindung englischer Marktschreierei, wie ein wanderndes Schilderhäuschen einher, dessen papierne Wände nach allen vier Seiten hin ausschreien: »Feuerwerk in Cremorne Gardens«, oder »Rasiermesser, scharf und billig, Ecke von Strand und Cecil Street«.

Mein Auge hält sich rechts; kurze Querstraßen laufen zur Themse hin, mitunter blitzt der Strom selbst blau und schimmernd hindurch. Wie lacht mir das Herz! Aber die nächste Nähe fesselt aufs Neue das Auge: Hässliches und Blendendes, Alltägliches und Niegeschautes drängen sich in Blitzesschnelle an uns vorüber. Hier zur Rechten scheinen die Dentisten ihr Quartier zu haben. An den Fenstern und Haustüren begegnen wir künstlichen, zierlich aus Elfenbein gedrechselten Totenköpfen, die sich gespenstisch im Kreise drehn und mit ihren grinsenden Mausezähnchen, ländlich sittlich, die Annonce übernehmen: Hier wohnt ein Zahnarzt.

Weiter! Der Strand erweitert sich zu einem Kirchplatz, aber nur um sich plötzlich wieder zu verengen – und durch Temple Bar, das alte Citytor, hindurch, rollt jetzt unser Omnibus in die Fleet Street hinein. Was ist das? Tausende sperren an jener Ecke den Weg. *Weekly Dispatch* oder *Illustrated News,* ich hab es vergessen, welches von beiden, steht mit riesigen Buchstaben an der Front des belagerten Hauses. Was will man? Hat sich der Redakteur gegen die Souveränität des Volkes vergangen? Hat er eine Brottaxe beantragt? Nichts von dem allen. In Chester ist heute Wettrennen, das ist alles. Unablässig spielt der Telegraf von dort herüber, und jede neue Meldung wird zu Nutzen und Frommen des teilnahmsvollen Publikums in großen Buchstaben sofort ans Fenster geklebt. Unerklärliche Begeisterung! Armes Volk ists, was sich da drängt, Tagelöhner die keine Geiß geschweige ein Pferd im Stalle haben, und doch will jeder wissen, was fünfzig Meilen nördlich in Chester geschieht und ob der »Lalla Rookh« oder der »Wilberforce« gewonnen hat.

Endlich sind wir hindurch; der Menschenknäuel schließt sich wieder, während wir Farringdon Street durchschneiden und das ansteigende Ludgate Hill in kürzerem Trab hinauffahren. Jetzt sind wir oben, unmittelbar vor uns steigt der Massenbau St. Paul's in die Luft. Seine Glocken beginnen eben zu tönen, um den Sonntag einzuläuten. Aber selbst die Stimme seiner Glocken wird überdröhnt und überrasselt, denn immer näher kommen wir der Handelswerkstatt der eigentlichen City, und schon haben wir Cheapside rechts und links. Welche Läden das, welche Fülle, welcher Glanz! Alle Früchte des Südens, dazwischen die großen spanischen Trauben, liegen hochaufgeschichtet hinter den Spiegelscheiben der Schaufenster, und ein Londoner Witzwort wird uns gegenwärtig, das da heißt: Ein Franzose macht zwei Läden von dem, was ein Engländer ans Fenster stellt.

Und nun Poultry, und nun die Börse und die Bank! Von allen Seiten münden hier die Straßen ein, schon wird die Masse unentwirrbar und noch immer hat die City nicht ihr

Letztes getan. Südlich gehts, in King William Street hinein und der Londonbrücke unter verdoppelten Peitschenschlägen zu. Da ist sie, oder doch da blinkt sie herüber, denn siehe, so nah am Ziel sind wir noch weitab von ihm. Es ist fünf Uhr und die Cityomnibusse haben sich eben angeschickt, alles, was die Woche hindurch am Pulte stand und die Comtoirfeder hinterm Ohre trug, nach den aberhundert Vorstädten und grünen Dörfern hinaus zu schaffen, die in einem weitem Kreise die Stadt umgeben und nach denen die Citymenschen sich sehnen, wie der Bergmann in seinem Schacht nach Gottes Sonne da oben. Hunderttausende wollen hinaus, in dieser Stunde, in dieser Minute noch, und selbst der London Bridge und ihren Dimensionen versagen die Kräfte. Tausende von Fuhrwerken bilden einen Heerwurm; die lange Linie von King William Street bis hinüber nach Southwark ist eine einzige Wagenburg, und minutenlanger Stillstand tritt ein.

Ich spring herab, ich dränge mich durch; treppab komm ich an den Landungsplatz der Dampfschiffe, ich besteige das Erstbeste und wieder stromab fahrend, schau ich von der Mitte des Flusses her dem Drängen und Treiben zu, das auf der Brücke noch immer kein Ende nimmt. Die Flut kommt und bringt eine luftige Brise mit, ich nehme den Hut ab und sauge die Kühlung ein. Mein Kopf brennt und fiebert, aber hin ist alle Verstimmung und mir selbst zum Trotz murmle ich vor mich hin: dies einzige London!

Pulsschlag der Welt

Heinrich Heine

Ich habe das Merkwürdigste gesehen, was die Welt dem staunenden Geiste zeigen kann, ich habe es gesehen und staune noch immer – noch immer starrt in meinem Gedächtnisse dieser steinerne Wald von Häusern und dazwischen der drängende Strom lebendiger Menschengesichter mit all ihren bunten Leidenschaften, mit all ihrer grauenhaften Hast der Liebe, des Hungers und des Hasses – ich spreche von London.

Schickt einen Philosophen nach London, beileibe keinen Poeten! Schickt einen Philosophen hin und stellt ihn an eine Ecke von Cheapside, er wird hier mehr lernen als aus allen Büchern der letzten Leipziger Messe; und wie die Menschenwogen ihn umrauschen, so wird auch ein Meer von neuen Gedanken vor ihm aufsteigen, der ewige Geist, der darüber schwebt, wird ihn anwehen, die verborgensten Geheimnisse der gesellschaftlichen Ordnung werden sich ihm plötzlich offenbaren, er wird den Pulsschlag der Welt hörbar vernehmen und sichtbar sehen – denn wenn London die rechte Hand der Welt ist, die tätige, mächtige rechte Hand, so ist jene Straße, die von der Börse nach Downing Street führt, als die Pulsader der Welt zu betrachten.

Aber schickt keinen Poeten nach London! Dieser bare

Ernst aller Dinge, diese kolossale Einförmigkeit, diese maschinenhafte Bewegung, diese Verdrießlichkeit der Freude selbst, dieses übertriebene London erdrückt die Fantasie und zerreißt das Herz. Und wolltet ihr gar einen deutschen Poeten hinschicken, einen Träumer, der vor jeder einzelnen Erscheinung stehen bleibt, etwa vor einem zerlumpten Bettelweib oder einem blanken Goldschmiedladen – oh! dann geht es ihm erst recht schlimm, und er wird von allen Seiten fortgeschoben oder gar mit einem milden »God damn!« niedergestoßen. God damn! Das verdammte Stoßen! Ich merkte bald, dieses Volk hat viel zu tun. Es lebt auf einem großen Fuße, es will, obgleich Futter und Kleider in seinem Lande teurer sind als bei uns, dennoch besser gefüttert und besser gekleidet sein als wir; wie zur Vornehmheit gehört hat es auch große Schulden, dennoch aus Großsprahlerei wirft es zuweilen seine Guineen zum Fenster hinaus, bezahlt andere Völker, dass sie sich zu seinem Vergnügen herumboxen, gibt dabei ihren respektiven Königen noch außerdem ein gutes Douceur – und deshalb hat John Bull Tag und Nacht zu arbeiten, um Geld zu solchen Ausgaben anzuschaffen, Tag und Nacht muss er sein Gehirn anstrengen zur Erfindung neuer Maschinen, und er sitzt und rechnet im Schweiße seines Angesichts und rennt und läuft, ohne sich viel umzusehen, vom Hafen nach der Börse, von der Börse nach dem Strand, und da ist es sehr verzeihlich, wenn er an der Ecke von Cheapside einen armen deutschen Poeten, der, einen Bilderladen angaffend, ihm im Wege steht, etwas unsanft auf die Seite stößt. »God damn!«

Das Bild aber, welches ich an der Ecke von Cheapside angaffte, war der Übergang der Franzosen über die Beresina.

Als ich, aus dieser Betrachtung aufgerüttelt, wieder auf die tosende Straße blickte, wo ein buntscheckiger Knäuel von Männern, Weibern, Kindern, Pferden, Postkutschen, darunter auch ein Leichenzug, sich brausend, schreiend, ächzend und knarrend dahinwälzte, da schien es mir, als sei ganz London so eine Beresinabrücke, wo jeder in wahnsinniger Angst, um sein bisschen Leben zu fristen, sich durchdrängen will, wo der kecke Reuter den armen Fußgänger niederstampft, wo derjenige, der zu Boden fällt, auf immer verloren ist, wo die besten Kameraden fühllos einer über die Leiche des andern dahineilen und Tausende, die, sterbensmatt und blutend, sich vergebens an den Planken der Brücke festklammern wollten, in die kalte Eisgrube des Todes hinabstürzen.

Wie viel heiterer und wohnlicher ist es dagegen in unserem lieben Deutschland! Wie traumhaft gemach, wie sabbatlich ruhig bewegen sich hier die Dinge! Ruhig zieht die Wache auf, im ruhigen Sonnenschein glänzen die Uniformen und Häuser, an den Fliesen flattern die Schwalben, aus den Fenstern lächeln dicke Justizrätinnen, auf den hallenden Straßen ist Platz genug: die Hunde können sich gehörig anriechen, die Menschen können bequem stehen bleiben und über das Theater diskurieren und tief, tief grüßen, wenn irgendein vornehmes Lümpchen oder Vizelümpchen, mit bunten Bändchen auf dem abgeschabten Röckchen, oder ein gepudertes, vergoldetes Hofmarschälkchen gnädig wiedergrüßend vorbeitänzelt!

Ich hatte mir vorgenommen, über die Großartigkeit Londons, wovon ich so viel gehört, nicht zu erstaunen. Aber es ging mir wie dem armen Schulknaben, der sich vornahm, die Prügel, die er empfangen sollte, nicht zu fühlen. Die Sache bestand eigentlich in dem Umstande, dass er die gewöhnlichen Hiebe mit dem gewöhnlichen Stocke, wie gewöhnlich, auf dem Rücken erwartete und stattdessen eine ungewöhnliche Tracht Schläge auf einem ungewöhnlichen Platze mit einem dünnen Röhrchen empfing. Ich erwartete große Paläste und sah nichts als lauter kleine Häuser. Aber eben die Gleichförmigkeit derselben und ihre unabsehbare Menge imponiert so gewaltig.

Diese Häuser von Ziegelsteinen bekommen durch feuchte Luft und Kohlendampf die gleiche Farbe, nämlich bräunliches Olivengrün; sie sind alle von derselben Bauart, gewöhnlich zwei oder drei Fenster breit, drei hoch und oben mit kleinen roten Schornsteinen geziert, die wie blutig ausgerissene Zähne aussehen, dergestalt, dass die breiten, regelrechten Straßen, die sie bilden, nur zwei unendlich lange kasernenartige Häuser zu sein scheinen. Dieses hat wohl seinen Grund in dem Umstande, dass jede englische Familie, und bestünde sie auch nur aus zwei Personen, dennoch ein ganzes Haus, ihr eignes Kastell, bewohnen will, und reiche Spekulanten, solchem Bedürfnis entgegenkommend, ganze Straßen bauen, worin sie die Häuser einzeln wieder verhökern. In den Hauptstraßen der City, demjenigen Teil Londons, wo der Sitz des Handels und der Gewerke, wo noch altertümliche Gebäude zwischen den neuen zerstreut sind und wo auch die Vorderseiten der Häuser mit ellenlangen Namen und Zahlen, gewöhnlich goldig und relief, bis ans Dach bedeckt sind, da ist jene charakteristische Einförmigkeit der Häuser nicht so auffallend, umso weniger, da das Auge des Fremden unaufhörlich beschäftigt wird durch den wunderbaren Anblick neuer und schöner Gegenstände, die an den Fenstern der Kaufläden ausgestellt sind. Nicht bloß diese Gegenstände selbst machen den größten Effekt, weil der Engländer alles, was er verfertigt, auch vollendet liefert und jeder Luxusartikel, jede Astrallampe und jeder Stiefel, jede Teekanne und jeder Weiberrock uns so finished und einladend entgegenglänzt, sondern auch die Kunst der Aufstellung, Farbenkontrast und Mannigfaltigkeit gibt den englischen Kaufläden einen eignen Reiz; selbst die alltäglichsten Lebensbedürfnisse erscheinen in einem überraschenden Zauberglanze, gewöhnliche Esswaren locken uns durch ihre neue Beleuchtung, sogar rohe Fische liegen so wohlgefällig appretiert, dass uns der regenbogenfarbige Glanz ihrer Schuppen ergötzt, rohes Fleisch liegt wie gemalt auf sauberen, bunten Porzellantellerchen, mit lachender Petersilie umkränzt, ja alles erscheint uns wie gemalt und mahnt uns an die glänzenden und doch so bescheidenen Bilder des Franz Mieris. Nur die Menschen sind nicht so heiter wie auf diesen holländischen Gemälden, mit den ernsthaftesten Gesichtern verkaufen sie die lustigsten Spielsachen, und Zuschnitt und Farbe ihrer Kleidung ist gleichförmig wie ihre Häuser.

Auf der entgegengesetzten Seite Londons, die man das Westende nennt, the west end of the town, und wo die vornehmere und minder beschäftigte Welt lebt, ist jene Einförmigkeit noch vorherrschender; doch gibt es hier ganz lange, gar breite Straßen, wo alle Häuser groß wie Paläste, aber äußerlich nichts weniger als ausgezeichnet sind, außer dass man hier, wie an allen nicht ganz ordinären Wohnhäusern Londons, die Fenster der ersten Etage mit eisengittrigen Balkonen verziert sieht und auch au rez de chaussée ein schwarzes Gitterwerk findet, wodurch eine in die Erde gegrabene Kellerwohnung geschützt wird. Auch findet man in diesem Teile der Stadt große Squares: Reihen von Häusern gleich den oben beschriebenen, die ein Viereck bilden, in dessen Mitte ein von schwarzem Eisengitter verschlossener Garten mit irgendeiner Statue befindlich ist. Auf allen diesen Plätzen und Straßen wird das Auge des Fremden nirgends beleidigt von baufälligen Hütten des Elends. Überall starrt Reichtum und Vornehmheit, und hineingedrängt in abgelegene Gässchen und dunkle, feuchte Gänge wohnt die Armut mit ihren Lumpen und ihren Tränen.

Der Fremde, der die großen Straßen Londons durchwandert und nicht just in die eigentlichen Pöbelquartiere gerät, sieht daher nichts oder sehr wenig von dem vielen Elend, das in London vorhanden ist. Nur hie und da, am Eingang eines dunklen Gässchens, steht schweigend ein zerfetztes Weib, mit einem Säugling an der abgehärmten Brust, und bettelt mit den Augen. Vielleicht, wenn diese Augen noch schön sind, schaut man einmal hinein – und erschrickt ob der Welt von Jammer, die man darin geschaut hat. Die gewöhnlichen Bettler sind alte Leute, meistens Mohren, die an den Straßenecken stehen und, was im kotigen London sehr nützlich ist, einen Pfad für Fußgänger kehren und dafür eine Kupfermünze verlangen. Die Armut in Gesellschaft des Lasters und des Verbrechens schleicht erst des Abends aus ihren Schlupfwinkeln. Sie scheut das Tageslicht umso ängstlicher, je grauenhafter ihr Elend kontrastiert mit dem Übermute des Reichtums, der überall hervorprunkt; nur der Hunger treibt sie manchmal um Mittagszeit aus dem dunkeln Gässchen, und da steht sie mit stummen, sprechenden Augen und starrt flehend empor zu dem reichen Kaufmann, der geschäftig-geldklimpernd vorübereilt, oder zu dem müßigen Lord, der, wie ein satter Gott, auf hohem Ross einherreitet und auf das Menschengewühl unter ihm dann und wann einen gleichgültig vornehmen Blick wirft, als wären es winzige Ameisen oder doch nur ein Haufen niedriger Geschöpfe, deren Lust und Schmerz mit seinen Gefühlen nichts gemein hat – denn über dem Menschengesindel, das am Erdboden festklebt, schwebt Englands Nobility, wie Wesen höherer Art, die das kleine England nur als ihr Absteigequartier, Italien als ihren Sommergarten, Paris als ihren Gesellschaftssaal, ja die ganze Welt als ihr Eigentum betrachten. Ohne Sorgen und ohne Schranken schweben sie dahin, und ihr Gold ist ein Talisman, der ihre tollsten Wünsche in Erfüllung zaubert.

Arme Armut! Wie peinigend muss dein Hunger sein, dort, wo andre im höhnenden Überflusse schwelgen! Und hat man dir auch mit gleichgültiger Hand eine Brotkruste in den Schoß geworfen, wie bitter müssen die Tränen sein, womit du sie erweichst! Du vergiftest dich mit deinen eignen Tränen. Wohl hast du recht, wenn du dich zu dem Laster und dem Verbrechen gesellst. Ausgestoßene Verbrecher tragen oft mehr Menschlichkeit im Herzen als jene kühlen, untadelhaften Staatsbürger der Tugend, in deren bleichen Herzen die Kraft des Bösen erloschen ist, aber auch die Kraft des Guten. Und gar das Laster ist nicht immer Laster. Ich habe Weiber gesehen, auf deren Wangen das rote Laster gemalt war, und in ihrem Herzen wohnte himmlische Reinheit. Ich habe Weiber gesehen – ich wollt, ich sähe sie wieder!

Ein Opfer für Britanniens Götter

Edward Rutherfurd

Vierundfünfzig Jahre vor Christi Geburt bildeten etwa zweihundert Menschen einen Halbkreis am Ufer des Flusses und warteten nach einer kalten Frühlingsnacht auf das Morgengrauen. Vor ihnen standen am Rand des Wassers fünf schweigende, in lange, graue Roben gekleidete Männer, die Druiden. Sie wollten einen Ritus vollziehen, der die Insel retten sollte.

Unter den Leuten, die sich da am Ufer versammelt hatten, befanden sich drei, von denen jeder ein persönliches, schreckliches Geheimnis hütete – ein Junge, eine Frau und ein sehr alter Mann.

Am langen Flusslauf gab es viele heilige Orte, doch nirgends war die Seele des großen Flusses so spürbar wie an diesem stillen Fleck. Hier trafen sich der Fluss und das Meer. Flussabwärts strömte der Fluss in einer Reihe von großen Biegungen durch offenes Marschland, bis er sich nach etwa zehn Meilen in den langen, nach Osten führenden Trichter der Mündung und schließlich in die Nordsee ergoss. Stromaufwärts wand sich der Fluss durch Wälder und üppig grüne Wiesen. An dieser Stelle jedoch befand sich zwischen zwei großen Biegungen ein zweieinhalb Meilen langer, gerader Flussabschnitt; hier strömte der Fluss majestätisch kerzengerade nach Osten.

Während der Flut war diese Flussstraße neunhundert Meter breit, während der Ebbe nur zweihundertsiebzig. In der Mitte ragte eine Kiesbank aus dem Fluss, die bei Ebbe zu einer Landzunge wurde, bei Flut zu einer Insel. Auf dieser Bank stand die kleine Gruppe. Ihr gegenüber auf dem Nordufer lag der inzwischen verlassene Ort, der den Namen Londinos trug.

Im Morgengrauen war die Silhouette des uralten Ortes klar zu erkennen: zwei niedrige Kieshügel, die oben flach waren und etwa fünfundzwanzig Meter über den Wasserspiegel emporragten. Zwischen den beiden Hügeln floss ein kleiner Bach. An der Westseite strömte ein größerer Fluss hinab in eine breite Mündung, die das Nordufer durchbrach. An der Ostseite der beiden Hügel hatte sich einst eine kleine Hügelburg befunden, auf derem niedrigen Erdwall Wachposten nach Schiffen Ausschau hielten, die vom Meer her den Fluss heraufkamen. Der westliche Hügel wurde manchmal von den Druiden benutzt, wenn sie Ochsen opferten.

Eine verlassene Siedlung. Ein heiliger Ort. Die Stämme, über die der große Fürst Cassivelaunus herrschte, lebten in der großen östlichen Ebene oberhalb der Flussmündung. Der Stamm der Cantii, der auf der langen Halbinsel südlich der Mündung lebte, hatte dieser Gegend bereits den Namen Kent gegeben. Der Fluss war die Grenze zwischen ihnen, Londinos eine Art Niemandsland.

Vom Meer herauf kam ein kalter Wind. Der Junge zitterte. Er stand nun schon eine Stunde lang und fror. Er trug ein schlichtes Wollhemd, das ihm bis zu den Knien reichte und um die Taille mit einem Ledergürtel zusammengehalten wurde. Neben ihm standen seine Mutter, ein Baby in den Armen, und seine kleine Schwester Branwen, die er an der Hand hielt.

Er hatte dunkle Haare und blaue Augen, wie die meisten in seinem Volk, den Kelten. Sein Name war Segovax, und er war neun Jahre alt. Bei genauerer Betrachtung hätte man zwei ungewöhnliche Dinge an ihm bemerkt. In seinen Stirnlocken leuchtete eine weiße Haarsträhne. Solche vererbten Merkmale kamen bei mehreren Familien vor, die in dieser Gegend des Flusses wohnten. »Du brauchst dir keine Sorgen zu machen«, hatte ihm seine Mutter gesagt, »viele Frauen denken, das ist ein Glückszeichen.«

Die zweite Auffälligkeit war sehr viel sonderbarer: Wenn der Junge seine Finger spreizte, zeigte sich in den Zwischenräumen bis hin zum ersten Fingerglied eine dünne Hautschicht, wie die Haut am Fuß einer Ente. Auch dieses Merkmal war vererbt, wenngleich es nicht in jeder Generation auftrat. Es störte den Jungen jedoch nicht weiter.

Segovax blickte auf seine Familie: die kleine Branwen, die so liebenswert war, doch manchmal auch unbändige Trotzanfälle haben konnte, der kleine Junge in den Armen seiner Mutter; seine Mutter, die in letzter Zeit oft sehr blass und sonderbar geistesabwesend wirkte. Am Ufer lag ein bescheidenes Floß, daneben standen zwei Männer. Einer davon war sein Vater. Er hatte die gleiche weiße Haarsträhne wie sein Sohn, die gleichen großen Augen, und er war so vertraut mit dem Fluss, so erfahren mit seinen Netzen, dass die Leute ihn nur den Fischer nannten. Andere Männer waren wohl stärker als dieser stille Mann, doch niemand war freundlicher und entschlossener als er. »Der Fischer gibt nie auf«, pflegten die Leute im Weiler zu sagen. Segovax wusste, dass die Mutter den Vater abgöttisch liebte. Und auch er liebte ihn abgöttisch. Aus diesem Grund hatte er sich am vorherigen Tag einen waghalsigen Plan ausgedacht, der ihn das Leben kosten konnte.

In wenigen Momenten würde die Sonne aufgehen, und ein großer, funkelnder Lichtstrahl würde vom Osten her den Fluss herauftanzen. Die fünf Druiden stimmten einen leisen Gesang an. Auf ein Zeichen hin trat ein Mann aus der Menge hervor. Er hatte einen kräftigen Körperbau, und sein dicker, grüner Umhang, sein Goldschmuck und seine stolze Haltung wiesen auf seine Bedeutung und edle Herkunft hin. Er trug einen flachen, rechteckigen Metallgegenstand in den Händen, den er dem großen, weißbärtigen Druiden in der Mitte der Gruppe überreichte.

Die Druiden wandten sich dem rot leuchtenden Horizont zu, und der ältere Mann aus ihrer Mitte bestieg das Floß. Die beiden neben dem Floß wartenden Männer – Segovax' Vater und ein weiterer Mann – kletterten neben ihm auf das Floß und begannen, es mit langen Stangen auf den breiten Fluss hinauszustaken. Das dumpfe Summen der vier zurückbleibenden Druiden schien geheimnisvoll zu wachsen und sich über das Wasser auszubreiten, während das Floß sich immer weiter entfernte.

Die Sonne ging auf und überflutete den Fluss mit goldenem Licht. Das Floß befand sich nun in der Mitte des Flusses; die zwei Männer stemmten sich mit ihren langen Stangen gegen die Strömung und hielten das Floß damit an. Am Nordufer wurden die beiden niedrigen Hügel in das rötliche Licht der Sonne getaucht. Nun hob der große Druide den metallenen Gegenstand über seinen Kopf, sodass er die Sonnenstrahlen einfing und zurückwarf.

Es war ein aus Bronze gefertigter Schild. Die Waffen auf der Insel wurden zwar meist aus Eisen gefertigt, doch für die rituellen Waffen, die mit großer Kunstfertigkeit hergestellt wurden, benutzte man Bronze, ein Material, das älter, doch auch leichter zu bearbeiten war. Dieser Schild war ein wahres Meisterwerk; der große Fürst Cassivelaunus hatte ihn durch einen seiner engsten Vertrauten überbringen lassen. Die verwobenen Muster und die eingelegten Edelsteine waren beispielhaft für das hervorragende Metallhandwerk der Kelten, für das die Insel berühmt war. Der Schild war das größte Geschenk, das die Inselbewohner den Göttern machen konnten.

Nun schleuderte der Druide den Schild hoch über das Wasser in die gleißende Spur, die die Sonne gezeichnet hatte. Schweigend empfing der Fluss das Opfer. Doch dann passierte etwas Merkwürdiges: Der Bronzeschild ging nicht unter, er schwamm vielmehr knapp unterhalb der Wasseroberfläche. Dies hatte einen einfachen Grund: Das Metall war sehr dünn getrieben und auf der Unterseite mit einem leichten Holz verstärkt worden. Bis das Holz sich voll Wasser gesaugt hatte, musste der rituelle Schild dort oben treiben, nur von einer dünnen Schicht Wasser bedeckt.

Und noch etwas Unvorhergesehenes passierte: Die Gezeiten wechselten. Die Strömung floss nun flussaufwärts bis zu einem Punkt mehrere Meilen hinter Londinos. So trieb der Schild langsam ins Landesinnere der Insel, als würde er sanft von einer unsichtbaren Hand gezogen werden. Der alte Druide beobachtete dies und fragte sich, was es angesichts der schrecklichen Bedrohung wohl bedeuten mochte. Die Bedrohung kam aus Rom. Sie trug den Namen Julius Cäsar.

In den Jahrtausenden seit dem Rückzug der letzten Eiszeit hatten mehrere Völker die Insel Britannien zu ihrer Heimat erkoren – Jäger, Bauern, Errichter steinerner Tempel wie Stonehenge und in den letzten Jahrhunderten Stämme, die zu der großen keltischen Kultur aus Nordwesteuropa gehörten. Die Dichtkunst und das Liedgut der Barden, die umfangreiche Volkskunst und die geschickte Metallbearbeitung bereicherten das Leben der Inselbewohner. Sie wohnten in festen, runden Holzhütten mit strohgedeckten Dächern. Ihre größeren Siedlungen waren von Palisaden oder von hohen Erdwällen umgeben. Sie bauten Gerste und Hafer an, hielten Weidetiere, tranken Bier und Honigmet.

Seit vielen Generationen waren Händler aus der sonnigen Mittelmeerwelt bis zur Insel vorgedrungen, die kostbare Güter aus dem Süden gegen Felle, Sklaven und die berühmten Jagdhunde der Insel tauschten. An einem Hafen an der Südküste, an dem ein anderer Fluss aus der uralten, verlassenen Tempelanlage Stonehenge ins Meer strömte, hatte sich ein lebhafter Handel entwickelt. Doch obwohl die britischen Häuptlinge Wein, Seide oder römisches Gold durchaus schätzten, lag die Welt, aus der diese Güter stammten, noch weit hinter dem Horizont.

Aber dann strebte Julius Cäsar nach der Herrschaft über Rom. Um sein Ziel zu erreichen, musste er Eroberungen machen. Erst vor Kurzem war er bis zum englischen Kanal vorgedrungen und hatte eine riesige, neue römische Provinz, Gallien, errichtet. Nun hatte er ein Auge auf die nebelverhüllte Insel im Norden geworfen. Letztes Jahr war er gekommen. Mit einer bescheidenen Armee, die überwiegend aus Fußsoldaten bestand, betrat Cäsar unterhalb der weißen Klippen die südöstliche Küste Britanniens. Die britischen Häuptlinge waren gewarnt worden, und die keltischen Krieger kämpften tapfer. Sie griffen mit ihren Pferden und Streitwagen die Römer mehrmals überraschend an. Dann beschädigte ein Sturm Cäsars Flotte. Nach einigen Scharmützeln in der Küstenregion zog Cäsar mit seinen Truppen wieder ab, und die Häuptlinge triumphierten. Doch dann sickerten Neuigkeiten durch. Eine neue Flotte sollte aufgebaut werden. Nicht weniger als fünf Legionen und gut zweitausend berittene Soldaten, so hieß es, sollten zusammengezogen werden. Vor zehn Tagen hatte ein Bote die kurze, bündige Nachricht nach Londinos gebracht: »Cäsar ist unterwegs.«

Das Opfer war erbracht worden. Die Menge löste sich wieder auf. Vier Druiden kehrten heim, zwei Richtung Süden, zwei Richtung Norden. Dem Vater von Segovax oblag es, den ältesten Priester flussaufwärts zu rudern.

Der Alte wollte eben in das Boot klettern, als er sich noch einmal umdrehte und seinen Blick kurz auf der Frau ruhen ließ. Dann gab er dem Fischer das Zeichen zum Aufbruch.

Der Moment war kurz, doch lange genug. Cartimandua zitterte. Es hieß, dass der alte Mann alles wusste. Sie presste das Baby an ihre Hüften und schubste Segovax und Branwen vor sich her zu der Stelle, an der die Pferde angebunden waren. Tat sie das Richtige? Sie redete sich ein, dass es so war. Schützte sie nicht alle, indem sie tat, was sie tun musste? Doch das schreckliche Schuldgefühl und die Angst wollten nicht von ihr weichen. War es möglich, dass der alte Druide über den Edelmann Bescheid wusste? Sie wartete bei den Pferden, bis die Männer des großen Häuptlings kamen, unter ihnen auch der Kommandant.

Segovax musterte ihn interessiert. Es war der Mann, der dem Druiden den Schild überreicht hatte; ein kräftiger, Ehrfurcht gebietender Mann mit einem dichten, schwarzen Bart und stahlblauen Augen. Unter seinem grünen Umhang trug er eine mit Fuchsfell gesäumte Tunika. Der schwere Torques – der keltische Goldreif – um seinen Hals zeigte seinen hohen Rang. Zweimal in den letzten Monaten hatte der Kommandant diese Gegend besucht und dabei jedes Mal eine Nacht in dem Weiler gegenüber von Londinos verbracht. »Wappnet euch«, hatte er den Männern befohlen, nachdem er ihre Waffen begutachtet hatte. »Der große Häuptling Cassivelaunus plant, unsere Truppen hier in der Nähe zusammenzuziehen.« Nun ließ die Mutter von Segovax ihre Kinder allein und trat auf ihn zu.

Der Edelmann musterte sie eingehend. Sie war eine sehr attraktive Frau, schlank, mit großen Brüsten und dichtem, rabenschwarzem Haar, das ihr bis über die Schultern fiel.

»Nun?«, fragte er kurz angebunden.

»Gilt unsere Vereinbarung noch?«

Er warf einen Blick auf die Kinder, dann auf den Ehemann der Frau, der mit seinem Ruderboot und dem Druiden schon ein gutes Stück flussaufwärts gekommen war.

»Das habe ich dir doch schon gesagt.«

»Er darf nichts davon erfahren.«

»Wenn ich einen Befehl erteile, dann wird er befolgt.«

Sie nickte, und er gab ihr ein Zeichen, dass ihr Gespräch beendet war. Kurz darauf ritt er davon. Cartimandua kehrte zu ihren Kindern zurück, die nichts von ihrem schrecklichen Geheimnis wussten. Doch bald würden sie es erfahren. Wie würden sie es wohl aufnehmen?

Der Druide blickte forschend auf das Wasser, während der Einbaum flussaufwärts glitt. War der Schild vom Fluss angenommen worden, oder trieb er noch immer an der Oberfläche? Der Druide seufzte. Er war ein sehr alter Mann, fast siebzig Jahre alt, doch in seiner Größe noch immer eine beeindruckende Erscheinung, ein Riese im Vergleich zu den meisten anderen Männern. Sein voller weißer Bart reichte ihm bis zur Taille; seinen Kopf schmückte ein schlichter goldener Stirnreif; seine Augen waren grau und wachsam. Einmal im Jahr vollzog er auf dem westlichen der beiden Hügel von Londinos das Ochsenopfer. Er betete in den heiligen Hainen der Eichenwälder. Im Landesinneren gab es sonderbare Steinkreise, Tempelanlagen, die so alt waren, dass niemand wusste, ob sie von Menschenhand erbaut worden waren, und dort hatten sich wohl vor langer Zeit die Druiden getroffen. Doch hier am Fluss vollzogen sie ihre Riten meist vor kleinen Holzschreinen oder in heiligen Hainen.

Dieser alte Druide hatte eine besondere Gabe, die anderen Priestern nicht gegeben war: Die Götter hatten ihm das zweite Gesicht verliehen. In seinem dreiunddreißigsten Lebensjahr war ihm diese sonderbare Gabe zuteil geworden. Er selbst wusste nicht, ob er sie als Geschenk oder als Fluch betrachten sollte. Manchmal hatte er nur schattenhafte Vorahnungen, dann wieder sah er zukünftige Ereignisse mit erschreckender Klarheit, und es kam vor, dass er genauso blind wie alle anderen war.

Oft besuchte er die Weiler am Fluss, wo man ihn immer ehrerbietig empfing. Manchmal rief er unvermittelt einen Dorfbewohner wie Segovax' Vater herbei und befahl ihm, ihn viele Meilen flussaufwärts zu einem heiligen Ort zu rudern. Eine kleine Rauchfahne verkündete, wenn er auf seiner Insel weilte, und die Leute in dieser Gegend betrachteten ihn als eine Art Wächter des Ortes.

In dem Moment, in dem sie in die Flussbiegung einfuhren und die Insel vor sich sehen konnten, erblickte der alte Mann den Schild. Er funkelte noch immer knapp unterhalb der Wasseroberfläche. Der Alte sah ihn nachdenklich an. Der Fluss hatte das Opfer nicht eindeutig zurückgewiesen, es aber auch nicht angenommen. Das Zeichen schien zu der Vorahnung zu passen, die der alte Mann vor einem Monat gehabt hatte.

Sein zweites Gesicht hatte ihn an diesem Morgen auch noch andere Dinge sehen lassen. Er hatte Cartimanduas schreckliches Dilemma wahrgenommen. Nun sah er auch voraus, was das Schicksal mit dem stillen Fischer vorhatte. Und seine Vorahnung hatte ihm noch ein viel schreklicheres Ereignis angekündigt. Konnte es tatsächlich sein, dass die Götter dieser uralten Insel Britannien vernichtet werden sollten? Oder sollte etwas anderes, etwas für ihn völlig Unbegreifliches passieren? Alles war sehr sonderbar.

Geist der Vergangenheit

Joseph Conrad

Die *Nellie*, eine Hochseejacht, drehte sich ohne ein Flattern der Segel um den Anker und lag still. Die Flut hatte eingesetzt, es wehte kaum ein Wind und auf dem Weg flussabwärts blieb nichts anderes zu tun, als beizudrehen und den Wechsel der Gezeiten abzuwarten.

Der Unterlauf der Themse streckte sich vor uns aus wie der Anfang einer endlosen Wasserstraße. Draußen auf der offenen See verschmolzen Himmel und Meer fugenlos miteinander, und in dem leuchtenden Raum schienen die gegerbten Segel der mit der Flut herauftreibenden Boote in Trauben roten Tuchs stillzustehen, scharfe Spitzen getupft vom Gefunkel der lackierten Spriete. Dunst hing über den niedrigen Ufern, die zum Meer hin flach ausliefen und verschwanden. Über Gravesend war die Luft finster, und noch weiter oben schien sie sich zu einem trostlosen Schatten zu verdichten, der reglos über der größten – und großartigsten – Stadt der Erde brütete.

Der Director of Companies war unser Kapitän und unser Gastgeber. Wir anderen vier betrachteten voll Zuneigung seinen Rücken, während er am Bug stand und seewärts blickte. Auf dem ganzen Fluss war nichts, das auch nur halb so seemännisch wirkte wie er. Er glich einem Lotsen, für jeden Seemann die Personifizierung der Zuverlässigkeit. Es war schwer

zu glauben, dass seine Arbeit nicht dort draußen in der leuchtenden Mündung war, sondern hinter ihm, inmitten des brü-
tenden Schattens.

Uns verband, wie ich schon einmal gesagt habe, die See. Ihr
Band einte unsere Herzen selbst über längere Trennungszeiten
und hatte außerdem den Effekt, uns nachsichtig zu machen
gegen eines jeden Hirngespinsten – ja, sogar Überzeugungen.
Der Anwalt, der beste aller Kameraden, hatte wegen seines
hohen Alters und seiner vielen Tugenden das einzige Kissen an Bord und lag auf der einzigen Decke. Der Buchhalter
hatte bereits einen Dominokasten hervorgeholt und spielte
mit den Steinen Architekt. Marlow saß mit übereinanderge-
schlagenen Beinen rechts achtern gegen den Besanmast gelehnt. Seine Wangen waren eingefallen, das Gesicht war gelb,
der Rücken gerade, seine ganze Erscheinung asketisch, und
mit den herabhängenden Armen und nach vorn geöffneten
Handflächen sah er aus wie ein Götzenbild. Nachdem sich
der Director überzeugt hatte, dass der Anker griff, kam er
nach achtern und setzte sich zu uns. Träge wechselten wir ein
paar Worte. Dann senkte sich Schweigen über das Deck der
Jacht. Aus irgendeinem Grund begannen wir nicht mit dem
Dominospiel. Wir wollten unseren Gedanken nachhängen
und fühlten uns zu nichts anderem in der Lage, als friedlich
vor uns hinzustarren. Der Tag neigte sich in stiller, anmutiger
Klarheit. Das Wasser glitzerte friedlich; der Himmel, ohne das
kleinste Stäubchen, war eine gütige Unendlichkeit unbefleck-
ten Lichts; selbst der Nebel über den Marschen von Essex war
wie zartes, lichtes Gewebe, das von den bewaldeten Höhen im
Inneren herabfiel und die niederen Ufer in durchscheinende
Falten hüllte. Nur der Schatten im Westen, der stromaufwärts
brütete, wurde von Minute zu Minute dunkler, als wäre er über
den Vorstoß der Sonne erzürnt.

Und schließlich, am Ende ihres gekrümmten, unmerklichen Niedergangs angelangt, sank die Sonne, ihr weißes Glühen wich einem fahlen Rot, ohne Strahlen und ohne Hitze, als wollte sie plötzlich ganz erlöschen, erschlagen von der Berührung mit jenem Schatten, der über einem Haufen Menschen brütete.

Nun aber zog eine Veränderung über das Wasser herauf, und die Klarheit wurde weniger strahlend, dafür tiefer. Der alte Fluss ruhte zur Tagesneige unerschüttert in seinem breiten Bett, nachdem er jahrhundertelang dem Geschlecht, das seine Ufer bevölkerte, gute Dienste getan hatte, ausgestreckt in der gelassenen Hoheit einer Wasserstraße, die bis an die äußersten Enden der Erde führte. Wir betrachteten diesen ehrwürdigen Strom nicht in der lebhaften Glut eines kurzen Tages, der kommt und für immer vergeht, sondern im erlauchten Licht bleibender Erinnerungen. Und wirklich, einem Mann, der, wie es heißt, dem »Ruf der See« voll Ehrfurcht und Hingabe gefolgt ist, fällt nichts leichter, als auf dem unteren Lauf der Themse den großen Geist der Vergangenheit zu beschwören.

Der Gezeitenstrom kommt und geht in unablässigem Dienst, beladen mit den Erinnerungen an die Männer und Schiffe, die er in den Schoß der Heimat gebracht hat oder hinaus zu den Schlachten auf See. Er hatte all die Männer gekannt, die der Nation zum Stolz gereichen, und ihnen gedient, von Sir Francis Drake bis Sir John Franklin – all den Rittern, mit Titel oder ohne, den großen fahrenden Rittern der See. Er hatte all die Schiffe getragen, deren Namen in der Nacht der Zeiten wie Juwelen funkeln, von der *Golden Hind*, die, ihre runden Flanken voller Schätze, heimkehrte, um von Ihrer Hoheit der Königin besucht zu werden und somit die Heldensage zu beschließen, bis zur *Erebus* und zur *Terror,* die sich auf die Fahrt zu weiteren Eroberungen machten – und niemals wiederkehrten. Er hatte die Schiffe gekannt und die Männer.

Von Deptford, von Greenwich, von Erith waren sie losgese-
gelt – Abenteurer und Siedler, die Schiffe des Königs und die
Schiffe der Spekulanten; Kapitäne, Admirale, die finsteren
»Schleichhändler« der östlichen Märkte und die beauftragten
»Generale« der Ostindischen Handelskompanie. Die Gold-
jäger und die Glücksritter, alle waren sie auf diesem Strom ge-
fahren, mit dem Schwert in der Hand und oft mit der Fackel,
Gesandte der Landesmacht, Träger eines Funkens des heiligen
Feuers. Welche große Persönlichkeit, die nicht mit der Ebbe
dieses Flusses dem Geheimnis der unbekannten Welt ent-
gegengefahren! ... Die Träume der Menschen, die Saat von
Ländern, die Samen von Weltreichen.

Die Sonne ging unter; Dämmerung fiel auf den Strom,
und entlang der Küste begannen Lichter aufzuflammen.
Der Chapman-Leuchtturm, ein dreibeiniges Ding auf einer
Schlammzone errichtet, strahlte hell. Lichter von Schiffen be-
wegten sich in der Fahrrinne – ein reges Treiben von Lichtern,
hinauf und hinunter. Und flussaufwärts, im Westen, war die
Lage der riesigen Stadt immer noch unheilvoll am Himmel
markiert, ein brütender Schatten in der Sonne, ein gespenstischer Schein unter dem Sternenlicht. »Und auch das«, sagte
Marlow plötzlich, »war einmal einer der finsteren Orte der
Erde.«

London ist überall – Ein Ausklang

Joris-Karl Huysmans

Die Lektüre von Dickens, die Duc Jean Floressas Des Esseintes bis vor Kurzem gepflegt hatte, um seine Nerven zu beruhigen, und die nur die entgegengesetzte Wirkung hervorgebracht hatte, begann langsam in ganz unerwarteter Weise zu wirken; sie löste Visionen des englischen Lebens aus, über das er lange Stunden hindurch nachdachte; in diese fiktiven Betrachtungen glitten nach und nach Vorstellungen von präziser Wirklichkeit, von einer vollendeten Reise, von bestätigten Träumen, auf die sich der Wunsch pfropfte, neue Eindrücke zu gewinnen und so den erschöpfenden Fantasien zu entgehen, die den Geist schließlich leer laufen ließen.

Das schreckliche Nebel- und Regenwetter unterstützte diese Gedanken noch, unterstrich die Erinnerungen an das Gelesene, hielt ihm ständig das Bild eines nebligen und schlammigen Landes vor Augen und verhinderte auf diese Weise seine Wünsche, von ihrem Ausgangspunkt abzuschweifen oder sich von ihrer Quelle zu entfernen.

Er hatte es nicht mehr länger ausgehalten und sich ganz plötzlich eines Tages zu der Reise nach London entschlossen. Seine Hast war so groß, dass er schon vor der Zeit die Flucht ergriff;

er wollte sich der Gegenwart entziehen, sich herumstoßen lassen im Straßenlärm und Bahnhofsgetriebe

»Ich atme auf«, murmelte er, als der Zug seinen Tanzrhythmus verlangsamte und in der Halle des Bahnhofs von Sceaux unter den krachenden Stößen der Drehscheibe anhielt.

Als er am Boulevard d'Enfer auf der Straße stand, rief er einen Kutscher an, voller Freude bei dem Gedanken, sich mit seinen Koffern und Decken herumschlagen zu müssen. Er versprach dem Mann mit der nussbraunen Hose und der roten Weste ein fürstliches Trinkgeld und verständigte sich auf diese Weise sehr rasch mit ihm:

»Also zunächst halten Sie in der Rue de Rivoli vor Galignanis Messenger!« Denn er wollte vor seiner Abreise einen Baedeker oder Murray von London kaufen.

Der Wagen zog schwerfällig an, um seine Räder bildeten sich Schlammkränze; man fuhr durch einen Sumpf; unter dem grauen Himmel schienen die Wolken sich auf die Hausdächer zu stützen, und der Regen rieselte über die Mauern; die Dachrinnen flossen über, das Pflaster war mit einem braunen Schlamm überzogen, in dem die Fußgänger ausglitten; auf den Bürgersteigen, die die Omnibusse streiften, standen die Menschen eng aneinander; Frauen mit bis zu den Knien geschürzten Röcken, unter Regenschirmen, drückten sich flach gegen die Läden, um keine Spritzer abzubekommen.

Der Regen schlug schräg gegen den Wagen, Des Esseintes musste die Fenster schließen, über die das Wasser nun in breiten Rinnen floss, während Schlammspritzer auf allen Seiten des Fahrzeugs wie ein Feuerwerk emporsprühten. Bei dem monotonen Geräusch des auf seine Koffer und den Lederschutz niederprasselnden Regens, der sich anhörte, als schüttle man einen Sack voll Erbsen aus, träumte Des Esseintes von seiner Reise. Das war schon ein Vorschuss auf England, den ihm Paris bei diesem schauderhaften Wetter bot: ein regnerisches, nach Schmelzöfen und Ruß riechendes gewaltiges London, das unablässig im Nebel rauchte, entrollte sich jetzt vor seinen Augen; unabsehbare Reihen von Docks, mit Kränen, Schiffswinden und Ballen, breiteten sich vor ihm aus; überall wimmelte es von Menschen, die in den Masten hingen, rittlings auf Rahen saßen, während auf den Kais Tausende von anderen mit dem Hintern in der Luft sich über Fässer beugten, die sie in Keller rollten.

All das bewegte sich auf den Ufern in riesenhaften Speichern, die vom grünlich-dumpfen Wasser einer imaginären Themse bespült wurden, in einem Hochwald von Masten, in einem Dickicht von Balken, die in die bleichen Wolkenhaufen des Firmaments stießen, während im Himmel und unter der Erde Züge mit voller Geschwindigkeit dahinrasten, schrille Schreie zischten, Rauchwolken aus den Schornsteinen stießen; und auf allen Boulevards und allen Straßen, darin in ewiger Dämmerung die ungeheuerlichen und grellen Infamien der Reklame leuchteten, rollten, zwischen Kolonnen schweigsamer, hastiger Leute, die mit angelegten Ellbogen geradeaus blickten, Wagenfluten dahin.

Des Esseintes erschauerte köstlich bei dem Gedanken, sich nun mitten in dieser fürchterlichen Welt von Kaufleuten zu fühlen, in diesem isolierenden Nebel, in dieser unaufhörlichen Geschäftigkeit und mitleidlosen Mühle, die Millionen von Enterbten zermalmte, denen Philanthropen, statt eines wahren Trostes, zumuteten, Kirchenlieder zu singen und Psalmen zu rezitieren.

Dann verschwand diese Vision plötzlich durch einen Stoß des Wagens, der ihn auf seinen Sitz zurückschleuderte; er sah aus dem Fenster, es war Nacht geworden; die Gaslaternen blinzelten, von einem gelblichen Hof umgeben, durch den Nebel; Feuerstreifen schwammen auf den Pfützen und schienen sich um die Räder des Wagens zu drehen, die über diese flüssig-schmutzigen Flammen ratterten; er versuchte sich zurechtzufinden; er erkannte das »Carrousel«, und plötzlich, vielleicht durch die Rückwirkung des Sturzes aus Traumräumen, fiel ihm ein höchst trivialer Umstand ein: sein Diener hatte beim Kofferpacken vergessen, seine Zahnbürste einzupacken; er unterwarf die Liste der eingepackten Gegenstände einer Musterung; alle lagen geordnet in seiner Reisetasche, nur die Bürste fehlte, und sein Ärger darüber dauerte fort, bis das Halten des Wagens die Kette seiner Erinnerungen und seiner ärgerlichen Empfindungen zerriss.

Er befand sich in der Rue de Rivoli, vor Galignanis Messenger. Hinter einer Tür aus mattem Glas, mit Aufschriften, gerahmten Zeitungsausschnitten und Telegrammen bedeckt, waren zwei große Vitrinen mit Alben und Büchern. Er trat näher, angezogen von den blauen und grauen Einbänden, die mit Silber- und Goldranken geschmückt waren, und anderen in hellbraunen, grünen und gelben Leinen, die auf dem Rücken und den Deckeln in Schwarz gepresste Titel trugen. All das hatte einen unpariserischen, kaufmännischen Anstrich, war weniger hässlich als die üblichen französischen Einbände. Inmitten offener Alben, in denen man humoristische Szenen von du Maurier und John Leech oder die wilden Kavalkaden von Caldecott in Farbdruck dahinrasen sah, lagen einige französische Romane und gaben diesem Mischmasch von Farbtönen eine gutmütige und erfreuliche Vulgarität.

Schließlich riss er sich von diesem Anblick los, öffnete die Tür und trat in eine große Bibliothek voller Menschen; Ausländerinnen saßen herum, entfalteten Karten und machten in unbekannten Sprachen unverständliche Bemerkungen. Ein Verkäufer brachte ihm eine ganze Sammlung von Reiseführern. Er setzte sich und blätterte in den Büchern, deren Pappband sich unter dem Druck seiner Finger bog. Er durchflog sie und hielt bei einer Seite des Baedekers inne, auf der die

Museen Londons beschrieben waren. Er interessierte sich für die lakonischen und genauen Einzelheiten des Führers, aber seine Aufmerksamkeit ging von der alten englischen Malerei zu der neuen über, die ihn mehr reizte. Er erinnerte sich einiger Bilder, die er in internationalen Ausstellungen gesehen hatte und die er vielleicht in London wieder sehen würde: Gemälde von Millais – »The Eve of St. Agnes« – mit jenem silbernen Grün des Mondlichtes oder Bilder von Watts, in seltsamen Farben, die von einem kranken Gustave Moreau entworfen, von einem blutarmen Michelangelo ausgeführt und von einem in Blau versunkenen Raffael übermalt sein mochten; unter anderem erinnerte er sich an »Kains Verrat«, »Ida« und einige Evabilder, darin neben der eigenartigen und geheimnisvollen Verschmelzung dieser drei Meister die wesentliche und doch ungeschliffene Natur eines gelehrten und versonnenen Engländers, den fürchterliche Farben bedrängen, zum Durchbruch kommt.

Alle diese Gemälde bestürmten sein Gedächtnis. Der Verkäufer, erstaunt, diesen Kunden so in Gedanken verloren an einem Tische sitzen zu sehen, fragte ihn endlich, ob er schon eine Wahl unter den Führern getroffen hätte. Des Esseintes starrte ihn ganz verdutzt an, entschuldigte sich dann, kaufte einen Baedeker und ging hinaus. Er fror in der feuchten Luft; der Wind blies von der Seite her und schlug die Arkaden mit seiner Regenpeitsche.

»Fahren Sie ein paar Schritte weiter«, rief er dem Kutscher zu, indem er ihm einen Laden am Ende des Bogenganges an der Ecke der Rue de Rivoli und der Rue Castiglione bezeichnete. Mit seinen weißlichen, von innen erleuchteten Scheiben glich er, im Missbehagen des Nebels, im Elend des kranken Wetters, einer riesigen Nachtlampe.

Es war die Bodega. Des Esseintes geriet in einen Saal, der in einen Korridor auslief; er wurde von gusseisernen Pfeilern getragen, und an den Wänden standen auf Gestellen hohe Fässer.

Mit eisernen Bändern versehen, den Bauch mit Zinnen aus Holz verziert, die einen Pfeifenhalter vortäuschten, in dem Tulpengläser mit dem Fuß nach oben hingen, unten angestochen und mit einem Hahn aus Steingut versehen, trugen diese Fässer ein Königswappen und auf farbigen Etiketten den Namen ihres Gewächses, den Inhalt ihrer Flanken, den Preis ihres Weins per Fass, per Flasche oder per Glas.

In dem zwischen diesen Fassreihen frei gelassenen Raum standen unter den summenden Flammen der abscheulichen, eisengrau gestrichenen Gaskrone Tische mit Körben voll Palmer Keks und trockenem Salzgebäck, mit Tellern voll Fleischpasteten und belegten Broten, die beißend mit Senf gewürzt waren; zwischen einer endlosen Reihe von Stühlen setzten sich diese Tische bis in den Hintergrund des Kellers fort, der ebenfalls mit kleinen Fässchen gespickt war, die auf der Seite lagen und in das Holz gebrannte Aufschriften trugen.

Alkoholdunst schlug Des Esseintes entgegen, als er in diesem Saal, darin starke Weine schlummerten, Platz nahm. Er blickte sich um; hier standen Fässer mit allen Arten von Portwein, mit herbem oder Fruchtgeschmack, mahagoni- oder amarantfarben, die sich durch anpreisende Beinamen unterschieden: »Old port«, »Light delicate«, »Cockburn's very fine«, »Magnificent old Regina«; dort wieder wölbten andere Fässer ihre riesenhaften Bäuche, die den kriegerischen spanischen Wein, den Xeres und seine Abarten, enthielten, die in den Farben von Rauch- oder Rohtopasen süß oder herb waren: den San Lucar, den Pasto, den herben Palo, den Oloroso und den Amontillado, süß oder trocken.

Der Keller war voll; Des Esseintes stützte seine Ellbogen auf die Tischecke und wartete auf sein Glas Portwein, das er bei einem Gentleman bestellt hatte; dieser war im Begriff, knallende Sodawasserflaschen zu öffnen, die, im Großen, an die Gelatinekapseln erinnerten, die man in Apotheken benutzt, um gewisse Medikamente einnehmbarer zu machen.

Um ihn herum wimmelte es von Engländern: etwas lächerliche blasse Geistliche, von Kopf bis Fuß in Schwarz gekleidet, mit weichen Hüten, Schnürschuhen, in überlangen Mänteln, die auf der Brust mit kleinen Knöpfen besetzt waren, mit glattem Kinn, runden Brillen und anliegendem, fettigem Haar; Mondgesichter von Schweinehändlern und Bulldoggengesichter mit apoplektischen Hälsen, mit Ohren wie Tomaten, weinroten Backen, idiotischen, blutunterlaufenen Augen und Bartkrausen wie große Affen; weiter hinten, am Ende des Gewölbes, entzifferte ein baumlanger, magerer Kerl mit struppigen Haaren und stoppeligem Kinn, das wie ein Artischockenboden aussah, durch eine Lupe die winzigen Buchstaben einer englischen Zeitung; ihm gegenüber saß etwas wie ein amerikanischer Kommodore, fett und untersetzt, mit gebräunter Haut und einer Zwiebelnase, mit einer Zigarre im dunklen Loch des Mundes; halb schlafend betrachtete er die an der Wand hängenden Champagnerreklamen, die die Marken Perrier, Roederer, Heidsieck und Mumm anpriesen.

Eine große Müdigkeit überfiel Des Esseintes in dieser Wachtstubenatmosphäre; betäubt vom Geschwätz der Engländer, träumte er vor sich hin; versenkt in das tiefe Purpur des Portweins, rief er Geschöpfe von Dickens herbei, die so gern davon tranken, im Geiste den Keller mit neuen Gestalten bevölkernd: vor ihm standen mit weißen Haaren und rosigem Teint Mr Wickfield und das phlegmatische und schlaue Gesicht mit dem unversöhnlichen Blick des Mr Tulkinghorn, des unheimlichen Sachwalters von *Bleak House*. Fest umrissen hoben sich alle von seiner Erinnerung ab und ließen sich, wie sie leibten und lebten, in der Bodega nieder; seine durch die kürzliche Lektüre aufgefrischten Erinnerungen wurden

nun unerhört genau. Die Heimatstadt des Dichters, das gut er-
leuchtete, gut durchwärmte, gut versorgte und gut verschlos-
sene Haus, der Wein, der von der kleinen Dorrit, von Dora
Copperfield, von der Schwester des Tom Pinch, langsam ein-
geschenkt wurde, das alles erschien ihm wie eine behagliche
Arche, die auf einer Sintflut von Schmutz und Schlamm da-
hinzog. Er faulenzte in diesem fiktiven London, glücklich, in
Sicherheit zu sein, während er die Schlepper auf der Themse
hörte, deren Sirenen hinter den Tuilerien nahe der Brücke
heulten. Sein Glas war leer. Trotz der leichten Dunstwolken in
dem von Rauch und Zigarren erhitzten Keller, überlief ihn ein
Frösteln, als er in die feuchte und abgestandene Wirklichkeit
zurückkam.

Er bestellte ein Glas Amontillado, aber vor diesem herben,
hellen Wein verwelkten die zarten Geschichten und süß-
lichen Blüten des englischen Dichters, und die unerbittlichen
Gifte, die schmerzenden Reizmittel Edgar Allan Poes drängten sich an die Oberfläche; der eisige Abpdruck des Amon-
tilladofasses, des in einem Keller eingemauerten Menschen,
überfiel ihn; die harmlosen und gewöhnlichen Gesichter
der amerikanischen und englischen Trinker, die herumsa-
ßen, schienen ihm unfreiwillige, entsetzliche Gedanken und
hässliche, unbeherrschte Absichten widerzuspiegeln. Plötzlich bemerkte er, dass er beinahe ganz allein war, dass es Zeit
sei zum Nachtmahl. Er zahlte, riss sich von seinem Stuhl los
und ging, noch ganz betäubt, zur Tür. Als er draußen war,
schlug ihm der Regen ins Gesicht; unter der Nässe und den
Windstößen entfalteten die Laternen ihre flackernden Fä-
cher, ohne Licht zu verbreiten; der Himmel war noch tiefer
bis auf den Bauch der Häuser gesunken. Des Esseintes betrachtete die Arkaden der Rue de Rivoli, die sich, mit Wasser
überschwemmt, im Schatten verloren, und es kam ihm vor,
als sei er im dunklen Tunnel unter der Themse. Ein Ziehen

im Magen rief ihn wieder in die Wirklichkeit zurück; er ging zu seinem Wagen und befahl dem Kutscher, nach einem Restaurant in der Rue d'Amsterdam, nahe dem Bahnhof, zu fahren. Er sah nach der Uhr: es war sieben. Er hatte gerade noch Zeit, zu speisen, der Zug ging erst um acht Uhr fünfzig Minuten. Er zählte an seinen Fingern, berechnete ungefähr die Stunden der Überfahrt von Dieppe nach Newhaven und sagte sich: Stimmt der Fahrplan, dann bin ich morgen Schlag halb eins in London.

Die Droschke hielt vor dem Restaurant. Wiederum stieg Des Esseintes aus und kam in einen langen, schmucklosen, braunen Saal, der durch halbhohe Wände wie ein Stall in einzelne Boxen geteilt war; in diesem, an der Tür etwas breiteren Saal, standen zahlreiche Bierpumpen auf dem Schenktisch; daneben lagen Schinken, so stark geräuchert, dass sie wie alte Violinen aussahen, rote Hummer, marinierte Makrelen mit Zwiebelscheiben und rohen Karotten, Zitronenscheiben, Lorbeer- und Thymianzweigen, Wacholderbeeren und Pfefferkörnern in einer trüben Sauce.

Er nahm in einer der leeren Nischen Platz und rief einen jungen Mami in schwarzem Anzug herbei, der sich verbeugte und ihm etwas in einem unverständlichen Kauderwelsch redete. Während man das Gedeck auflegte, musterte Des Esseintes seine Nachbarn: es waren wie in der »Bodega« Söhne Albions, mit Fayenceaugen und karmesinrotem Teint, die bedächtig oder arrogant auswärtige Zeitungen lasen; Damen ohne Herrenbegleitung speisten allein miteinander, robuste Engländerinnen mit männlichen Zügen und großen Zähnen, mit roten Pausbacken, langen Händen und langen Füßen. Sie fielen mit wahrem Heißhunger über eine Fleischpastete her, ein warmes Fleischgericht, das in einer Champignonsauce gekocht und mit einer Kruste zugedeckt ist.

Da er schon seit Langem keinen Appetit mehr hatte, war

er von der Gefräßigkeit dieser Frauenzimmer ganz verblüfft; aber sein Hunger wurde dadurch angeregt. Er bestellte eine Oxtailsuppe und aß diese weiche, fette und kräftige Brühe mit Behagen; dann wählte er einen Haddock, eine Art geräucherten Stockfisch, der ihm sehr schmackhaft schien, und da er die andern so einhauen sah, aß auch er noch ein Roastbeef mit Kartoffeln und trank zwei Glas Ale dazu, angeregt von dem kleinen Kuhstallgeschmack dieses auserlesenen blassen Bieres.

Sein Hunger war fast gestillt; er knabberte noch ein Stück Stiltonkäse, dessen Milde einen bitteren Beigeschmack hatte, beendete sein Diner mit einer Rhabarbertorte und trank zur Abwechslung noch Porter, jenes dunkle Bier, das nach entzuckertem Lakritzensaft schmeckt.

Er holte Atem; seit Jahren hatte er nicht so viel gegessen und getrunken; die Veränderung in seinen Gewohnheiten, die ungewohnte, kräftige Nahrung hatte seinen Magen angeregt. Er lehnte sich in seinen Stuhl zurück, zündete eine Zigarette an und machte sich an seine Tasse Kaffee, in die er etwas Gin goss.

Der Regen fiel noch immer in Strömen vom Himmel; er hörte ihn auf das Glasdach prasseln, das den Hintergrund des Saales überdeckte, und in Wasserfällen aus den Dachrinnen stürzen; niemand rührte sich im Saal, alle Gäste waren froh wie er selbst, hier im Trockenen vor ihren kleinen Gläsern zu sitzen.

Die Zungen lösten sich; und da fast alle diese Engländer beim Sprechen die Augen in die Höhe hoben, schloss Des Esseintes daraus, dass sie sich über das schlechte Wetter unterhielten; nicht einer lachte, und alle waren in grauen, gelb und rosa gestreiften Cheviot gekleidet. Er warf einen entzückten Blick auf seinen eigenen Anzug, dessen Farbe und Schnitt kaum wesentlich von den anderen abwich, und er empfand die Befriedigung, in dieser Umgebung nicht im Geringsten aufzufallen, ja, in gewisser Hinsicht, oberflächlich nur, ein naturalisierter Londoner zu sein; dann erschrak er plötzlich. Wann ging der Zug? Er sah nach der Uhr: zehn Minuten vor acht; ich kann noch eine halbe Stunde hier bleiben; und wieder begann er, über seinen Plan nachzudenken.

In seinem sesshaften Leben hatten ihn nur zwei Länder angezogen: Holland und England.

Den ersten Wunsch hatte er sich erfüllt; eines schönen Tages hielt es ihn nicht mehr, er hatte Paris verlassen und die holländischen Städte, eine nach der andern, besucht. Alles in allem waren grausame Enttäuschungen das Ergebnis dieser Reise. Er hatte sich nach den Werken von Teniers und Steen, Rembrandt und Ostade ein eigenes Holland im Voraus zurechtgemacht, mit herrlichen Judenvierteln in Goldtönen, wie Leder aus Cordova; er hatte von prächtigen Kirchweihfesten und unaufhörlichen ländlichen Gelagen geträumt; er hatte die von den alten Meistern gefeierte, patriarchalische Gutmütigkeit und harmlose Völlerei erwartet.

Haarlem und Amsterdam hatten zweifellos einen gewissen Eindruck auf ihn gemacht; betrachtete man das ungepflegte Volk auf dem Lande mit seinen ungeschlachten, wie mit dem Gartenmesser zurechtgestutzten Kindern, den dicken Weibern mit vollen Brüsten und großen Bäuchen, so glich es immerhin dem von Ostade gemalten Volk, aber von zügelloser Freude oder Familientrinkereien keine Spur. Er musste schließlich zugeben, dass die holländische Schule im Louvre ihn irregeleitet, seinen Träumen einfach als Sprungbrett gedient hatte; er war auf einer falschen Fährte, verirrt in unerreichbare Visionen. Nirgends entdeckte er jenes magische und doch wirkliche Land, das er erhoffte; nirgends sah er Wiesen, auf denen Fässer herumlagen, und Bauern und Bäuerinnen, außer sich vor Freude und Glück, in ihren weiten Röcken und kurzen Hosen ihre Tänze tanzen und vor lauter Lachen sich erleichtern.

Nein, davon war wirklich nichts zu sehen; Holland war ein Land wie alle anderen und außerdem ein keineswegs primitives oder biederes Land; denn die protestantische Religion mit ihren starren Heucheleien und strengen Feierlichkeiten wütete dort.

An diese Entzauberung erinnerte er sich jetzt; wieder sah er nach der Uhr: zehn Minuten bis zum Abgang des Zuges. Es ist allerhöchste Zeit, zu zahlen und zu gehen, sagte er sich. Aber im ganzen Körper hatte er ein Gefühl der Schwere, sein Magen drückte ihn. Dann muss ich eben den Satteltrunk trinken, sagte er, um sich Mut zu machen, goss sich ein Glas Brandy ein und rief nach der Rechnung. Ein schwarz gekleidetes Individuum, mit einer Serviette über dem Arm, mit kahlem Spitzschädel und grauer Bartkrause, ohne Schnurrbart, einem Majordomus ähnlich, kam an den Tisch, hinter dem Ohr einen Bleistift; ein Bein vorgestellt wie ein Sänger, zog er einen Block aus der Tasche, und, ohne hinzusehen, mit starr auf die Decke gerichteten Augen, notierte und addierte er die Speisen. »Bitte«, sagte er, riss das Blatt vom Block und gab es Des Esseintes; der betrachtete den Mann wie ein seltenes Tier. Ein überraschender John Bull, dachte er beim Anblick dieser phlegmatischen Gestalt, die durch den ausrasierten Mund auch eine gewisse Ähnlichkeit mit einem Steuermann der amerikanischen Marine hatte.

In diesem Augenblick wurde die Tür geöffnet, Leute traten ein und brachten einen Geruch nach nassem Hund mit sich, dazu kam Kohlenrauch, den der Wind aus der Küche hereintrug, deren Klapptür hin- und herschlug. Des Esseintes war unfähig, seine Beine zu bewegen, eine sanfte, laue Ohnmacht bemächtigte sich aller seiner Glieder und hinderte ihn sogar daran, die Hand auszustrecken, um seine Zigarre anzuzünden. Er sagte zu sich selbst: Los, vorwärts, aufstehen, ich muss fort! Aber sofortige Einwände machten seine Befehle gegenstandslos. Wozu sich bewegen, wenn man so schön auf einem Stuhl reisen kann? War er nicht in London, dessen Gerüche, dessen Atmosphäre, dessen Bewohner, dessen Speisen, dessen Geräte ihn umgaben? Was hatte er zu erhoffen? Höchstens Enttäuschungen wie damals in Holland?

Er hatte gerade noch Zeit genug, um auf den Bahnhof zu eilen, aber eine ungeheure Abneigung gegen die Reise, ein gebieterischer Zwang, ruhig zu verharren, erhoben sich immer eindringlicher und hartnäckiger. Nachdenklich ließ er die Minuten vorübergehen und schnitt sich so den Rückzug ab: »Jetzt müsste ich mich an den Schaltern drängen, bei der Gepäckaufgabe anstehen; wie dumm! wie lästig das wäre!« – Nochmals wiederholte er: »Eigentlich habe ich alles empfunden und gesehen, was ich empfinden und sehen wollte. Seit meiner Abreise aus Fontenay bin ich mit englischem Leben gesättigt; ich wäre ja verrückt, wollte ich jetzt durch einen ungeschickten Ortswechsel unvergänglicher Eindrücke verlustig gehen. Welche Verwirrung hat mich denn bewogen, meine alten Grundsätze zu verleugnen, fügsame Fantasien meines Gehirns zu verdammen und wie ein richtiger Grünschnabel an die Notwendigkeit und Nützlichkeit eines Ausflugs zu glauben? Jetzt aber«, und er sah nach der Uhr, »ist es Zeit, heimzufahren.« Diesmal stand er auf, ging hinaus, befahl dem Kutscher, ihn nach dem Bahnhof Sceaux zurückzufahren, und mit dem Gefühl der physischen Ermüdung und der moralischen Anstrengung eines Menschen, der nach einer langen und gefährlichen Reise wieder nach Hause kommt, traf er mit seinen Koffern, Paketen, Handtaschen, Decken, Schirmen und Stöcken wieder in Fontenay ein.

In den Tagen nach seiner Rückkehr beschäftigte sich Des Esseintes mit seinen Büchern und bei der Vorstellung, er hätte sich von ihnen für lange Zeit trennen können, empfand er eine Befriedigung, die so wirklich war, als sei er nach längerer Abwesenheit wieder zu diesen heimgekehrt. Unter dem Antrieb dieser Empfindung erschienen ihm diese Gegenstände neu, denn er entdeckte Schönheiten in ihnen, die er seit der Zeit ihrer Erwerbung vergessen hatte.

Alles, Bücher, Vasen, Möbel, nahm in seinen Augen einen besonderen Reiz an; sein Bett erschien ihm im Vergleich zu dem Lager, das er in London gehabt hätte, viel weicher; die stille und zurückhaltende Art seiner Dienstboten entzückte ihn; schon der Gedanke an die lärmende Geschwätzigkeit der Hotelangestellten quälte ihn; die methodische Organisation seines Lebens erschien ihm nun, da er die Möglichkeit, den Zufällen eines Wanderlebens ausgesetzt zu sein, gestreift hatte, noch erstrebenswerter als bisher.

Er tauchte wieder in das Bad der Gewohnheit, dem künstliches Nachtrauern kräftigende und spornende Eigenschaften verliehen.

Nachwort

»Wenn ein Mann Londons müde ist, dann ist er des Lebens müde; denn in London gibt es alles, was das Leben zu bieten hat.« Dies große Wort des englischen Universalgelehrten Samuel Johnson schien das Motto von Doris Lessing auf ihrem Stadtrundgang gewesen zu sein. Kreuz und quer fährt sie per Tube durch die Stadt, jenem bei den Londonern ob seiner ständigen Verspätungen und Ausfälle wenig geliebten, aber gern genutzten Fortbewegungsmittel. Die Literaturnobelpreisträgerin allerdings schwingt sich auf zu einer eindrucksvollen Verteidigung der Tube, die sich zu einer Hymne auf die tausend Facetten der Stadt erweitert. Samuel Beckett wiederum kennt die von Johnson erwähnte Müdigkeit; seine Protagonistin wird Opfer ihrer eigenen Erwartungen. Mehr Lebhaftigkeit finden die Autoren unterschiedlichster Epochen im East End; so lässt sich zum Beispiel Edgar Allan Poe von den dort anzutreffenden düsteren Gestalten in den Bann ziehen.

Ist die Vielfalt dieser Stadt auch eine Folge der ausgeprägten Freiheitsrechte der Einheimischen, die von den Besuchern vom Kontinent stets bewundert werden? Die Pressefreiheit, die bereits Ende des 17. Jahrhunderts gewährt wurde, ließ eine ebenso kraftvolle wie aufmüpfige Industrie entstehen, die bis Ende des 20. Jahrhunderts ihr Zentrum in der Fleet Street hatte; in den Redaktionen wie auch in den benachbarten Pubs. Der Pubszene widmet sich auch Adrian Bailey, der in britischer Manier einige wertvolle Hinweise für eine gelungene »Kneipentour« bereithält.

Auf eine Tour in weihevollere Sphären begibt sich Virginia Woolf: Sie sucht vergeblich Ruhe in St. Paul's Cathedral und Westminster Abbey, die seit jeher Touristenmagnete waren und somit eher an den Nerven der Besucherin zerren. Stoiker zu bleiben versucht auch Nick Hornby: Als Anhänger des Fußballklubs Arsenal muss man bisweilen stark bleiben – die seltenen Erfolge entschädigen dann aber wieder für alles Leid. Spätestens in den Swinging Sixties ist London auch zur Metropole der Popmusik geworden: Der Export von Pop ist der größte Faktor in der Außenwirtschaft des Königreichs. Der legendäre Musikproduzent Joe Boyd erinnert sich an die wilden Sechzigerjahre.

Aus allen Kontinenten sind die Menschen hierher gekommen, um besser zu leben, zu lernen oder Gleichgesinnte zu finden. Doch Buchi Emechetas Heldin Adah kann die Konventionen ihrer nigerianischen Heimat auch im neuen Land nur mühsam abschütteln. Die exotischen Gewohnheiten der Einheimischen sind für Fremde ein Grund zur Verwunderung. Mahatma Gandhi etwa müht sich mit der britischen Kost, die so gar nicht seinem Gelübde entgegenkommt, sich vegetarisch zu ernähren.

Was wäre London ohne Buckingham Palace und Downing Street? Alan Bennett nimmt uns mit auf einen fantastischen Besuch bei der Königin, die durch ihre Leselust das Empire aufwühlt. Winston Churchill nimmt uns mit in die Katastrophe des Krieges.

Spätestens seit der Eroberung Britanniens durch die Normannen im Jahr 1066 gehört London auch zu den Hauptstädten der Welt. Staunend blicken die Reisenden um sich: Die Bedeutung Londons für Großbritannien, für Europa, ja für die ganze Welt, ist beinahe körperlich spürbar. Egon Erwin Kisch leuchtet ins Elend des East End. Heinrich Heine und Theodor Fontane sehen in der äußeren Gestalt der Stadt die Manifestation der bürgerlichen Freiheiten, auf die Deutschland im 19. Jahrhundert noch immer wartet. Joseph Conrad besingt die Verbindung der Stadt zur Welt – über die Themse begann jede der großen und abenteuerlichen Expeditionen, die in London ihren Ausgangspunkt hatten. Dass London als kleines Dorf begann, das ein Druide vor Julius Cäsar beschützen wollte, erzählt Edward Rutherfurd.

Der Reisende bei Joris-Karl Huysmans schafft es, die Stadt kraft seiner Vorstellung zu besuchen. Doch Sie sollten selbst hinfahren und staunen …

Holger Ehling

Worterklärungen

Agape griechisches Wort für Liebe

Aldwych Underground Station (in Betrieb bis 1994)

Anfield Stadion des englischen Fußballklubs FC Liverpool

Appleseed, Johnny (1774–1847) ökologischer Pionier, der zu einer bekannten Figur der US-amerikanischen Folklore wurde

Balbec Tempel von Baalbek im Libanon; eine der größten und ausgedehntesten antiken Tempelanlagen

Baskerville, Sir Henry Figur aus Arthur Conan Doyles Roman *The Hound of the Baskervilles* (1901)

Battle of Britain (auch: The Blitz) Luftgefechte über Großbritannien zwischen der deutschen Luftwaffe und der Royal Air Force ab 1939

Behan, Brendan (1923–1964) einer der bedeutendsten irischen Dramatiker und Schriftsteller des 20. Jahrhunderts sowie IRA-Aktivist

Beresina Schlacht im November 1812 zwischen der Grande Armée Napoleons und den Truppen des Zaren Alexander I. am gleichnamigen Fluss

Bobby Spitzname für britische Polizisten

Borough Verwaltungseinheit (deutsch: Gemeinde, Bezirk)

Bull, John nationale Personifikation des Königreichs Großbritannien, die 1712 von John Arbuthnot geschaffen wurde

Bushel vor allem im Getreidehandel gebräuchliches Raummaß (1 Bushel = 4 Peck)

Caldecott, Randolph (1846–1886) britischer Illustrator, Maler und Modelleur

Carlton Club Hauptquartier der Konservativen

Caxton, William (1422–1491) der erste englische Buchdrucker, außerdem Verleger und Übersetzer. Gilt als bedeutender Bildner und Reformer der englischen Sprache

Chaucer, Geoffrey (circa 1343–1400) englischer Schriftsteller und Dichter, Verfasser der *Canterbury Tales*

Chesterton, Gilbert Keith (1874–1936) englischer Schriftsteller, unter anderem Verfasser der Erzählungen um Pater Brown

Cider die britische Variante des Apfelweins

City Feuer Großer Brand von London (The Great Fire of London); verheerende Feuersbrunst im Jahr 1666

Copperfield, Dora Figur aus Charles Dickens' Roman *David Copper-field* (1850)

Corgi (auch: Welsh Corgi oder Walisischer Zwerghund) Hunderasse

Coward, Noël Peirce (1899–1973) englischer Schauspieler, Schriftsteller und Komponist

Disraeli, Benjamin (1804–1881) erfolgreicher Romanschriftsteller und zweimaliger britischer Premierminister

Docklands Hafenanlage im Osten Londons. Bis ins 20. Jahrhundert hinein größter Warenumschlagplatz. Heute Bankenviertel

Dryden, John (1631–1700) einflussreicher englischer Dichter, Literatur-kritiker und Dramatiker

du Maurier, George (1834–1896) britischer Schriftsteller und Zeichner

Dünkirchen französische Hafenstadt, die im Frühjahr 1940 bei Kämp-fen zwischen der deutschen und der britischen Armee weitgehend zerstört wurde

Embankment unterirdische Station der Underground im Stadtteil Charing Cross

Erebus und Terror (auch: HMS Erebus und HMS Terror) Schiffe der Franklin-Expedition, die in den Jahren 1845–1848 die Nordwest-passage kartieren sollten, aber nie an ihrem Ziel ankamen

Galsworthy, John (1867–1933) britischer Schriftsteller, Dramatiker und Literaturnobelpreisträger. Verfasser der *Forsyte Saga*

»*Gewisses deutsches Buch*« Anspielung E. A. Poes auf das spätmittel-alterliche Gebetbuch *Hortulus animae* (deutsch: *Seelengärtlein*)

Gladstone, William Ewart (1809–1898) viermaliger britischer Premier-minister

Golden Hind (auch: *Golden Hinde* oder *Goldene Hirschkuh*, ursprüng-lich *Pelican*) Flaggschiff von Francis Drake, als er als erster Eng-länder zwischen 1577 und 1580 die Welt umsegelte

Gorgias (circa 480–380 v.Chr.) griechischer Gelehrter, Hauptvertreter der Sophistik

Greater London Council (GLC) oberste Verwaltungsbehörde von Greater London (1965–1986)

Guinee britische Goldmünze, die zwischen 1663 und 1816 gültiges Zahlungsmittel war

Herzog Wellington (engl. Originaltitel: Duke of Wellington) erblicher britischer Adelstitel. Hier: Arthur Wellesley, bedeutender britischer Heerführer der napoleonischen Zeit, später Premierminister

Highbury Ortsteil in Nordlondon. Auch Bezeichnung für das sich dort
   befindende Stadion des Fußballklubs Arsenal
Hillsborough Fußballstadion in Sheffield. Hier: Zuschauerunglück
   vom 15. April 1989, bei dem sechsundneunzig Menschen starben
Hogg, Quintin (1907–2001) britischer Adliger, Rechtsanwalt und Politiker
Hot Cross Buns süßes Gebäck mit Rosinen, kandierten Zitrusfrüchten
   und einem Kreuz aus Zuckerguss
Kavalkade geschlossener Reiterzug oder festlicher Aufzug eines
   Reitertrupps
Kingsmill, Hugh (1889–1849) britischer Schriftsteller und Journalist
Jack der Aufschlitzer (Jack the Ripper) Pseudonym eines mutmaß-
   lichen Serienmörders, der im Jahr 1888 im East End fünf Prostitu-
   ierte brutal ermordete
Johnson, Samuel (auch: Dr. Johnson, 1709–1784) englischer Gelehr-
   ter, Lexikograf, Schriftsteller, Dichter und Kritiker. Nach William
   Shakespeare der meistzitierte englische Autor
Jonson, Ben (1572–1637) englischer Bühnenautor und Dichter
Labour Party Neben der Conservative Party und den Liberal Demo-
   crats eine der drei großen politischen Parteien des Vereinigten
   Königreiches
Lady Bracknell Figur aus Oscar Wildes Theaterstück *The Importance of
   Being Earnest* (1895)
Lane, Lupino (1892–1959) englischer Schauspieler und Intendant
Leech, John (1817–1864) britischer Zeichner und Karikaturist
Liverpool Street Underground Station beim Bahnhof Liverpool Street
   Station
Lohntüte ein heute meist nur noch metaphorisch benutzter Begriff für
   die monatliche Barzahlung des Gehalts
Lord Northcliffe (Alfred Harmsworth, 1865–1922) britischer Journalist
   und Verleger
Louis-Quinze-Bergère Sessel aus dem 18. Jahrhundert
Lyttelton, Oliver (1893–1972) britischer Geschäftsmann, während des
   Zweiten Weltkrieges Mitglied der Regierung
Malaien Ethnie in Südostasien
Marble Arch Torbogen an der Nordostseite des Hyde Parks und
   Underground Station
Margesson, David (1890–1965) britischer Politiker, in den Jahren 1940–
   1942 Kriegsminister unter Winston Churchill

Met Honigwein, alkoholisches Getränk aus Honig und Wasser

Midlands Region rund um Birmingham

Mieris, Franz (Frans van Mieris der Ältere, 1635–1681) niederländischer Maler

Mittelenglisch Status der englischen Sprache zwischen dem 11. und 16. Jahrhundert

Moore-Brabazon, John Theodore Cuthbert (1884–1964) britischer Luftfahrtpionier und konservativer Politiker

Moore, Henry (1898–1986) britischer Bildhauer und Zeichner

Mr Tulkinghorn Figur aus Charles Dickens' Roman *Bleak House* (1852)

Mr Wickfield Figur aus Charles Dickens' Roman *David Copperfield* (1850)

Murdoch, Rupert (geb. 1931) amerikanischer Medienunternehmer. Gründer und CEO der News Corporation

Murray Reiseführer aus dem britischen Verlag John Murray (1836–1843)

Oloroso eine besonders kraftvolle Sherrysorte

Penrose, Roland (1900–1984) britischer Künstler, Kunsthistoriker und Schriftsteller

Pepys, Samuel (1633–1703) bedeutender Staatsmann des 17. Jahrhunderts, wurde der Nachwelt aber vor allem als Tagebuchautor bekannt

Piedestal bisweilen recht aufwendig gestalteter Sockel von Gebäuden, Statuen oder Säulen

Pinch, Tom Figur aus Charles Dickens' Roman *Martin Chuzzlewit* (1843)

Pint Hohlmaß, entspricht 0,568 l

Porter ein dunkles, oft tiefschwarzes Bier mit einem malzigen oder sogar röstmalzbetontem Geschmack

Retzsch, Moritz (1779–1857) deutscher Zeichner, Maler und Radierer

Rotröcke informelle Bezeichnung für Angehörige der Britischen Armee

Round Pond kreisrunder Teich im Hyde Park

Sceaux französische Stadt südwestlich von Paris

Schwarzer Tod die Pest, die in den Jahren 1665 und 1666 im Süden Englands wütete und rund 100.000 Todesopfer forderte

Scones britisches Gebäck, das in der Regel zum Tee gereicht wird

Sgt. Pepper (eigentlich *Sgt. Pepper's Lonely Hearts Club Band*) Album der Beatles aus dem Jahr 1967

Shove ha'penny (auch *shove halfpenny*) Spiel, bei dem Münzen in auf
einer Platte vorgezeichnete Felder gestoßen werden

Sinclair, Archie (Archibald Henry Macdonald Sinclair, 1890–1970)
schottischer Politiker und Vorsitzender der British Liberal Party

Somme Schlacht an dem gleichnamigen Fluss im Norden Frankreichs
im Jahr 1916, bei der etwa eine Million Menschen ihr Leben verloren

Steak-and-kidney-Pudding englischer Eintopf, bestehend aus Rind-
fleisch, Lamm- oder Schweineniere und Pastete

Stonehenge von Mythen umrungene Grabenanlage aus der Bronzezeit
in der Grafschaft Wiltshire

Stornoway House glamouröse, in den Neunzigerjahren des 18. Jahrhunderts gebaute Villa am Rande des Green Parks

Tertullian (eigentlich *Quintus Septimius Florens*, circa 150–230 n.Chr.)
früher christlicher Schriftsteller

Thomas, Dylan Marlais (1914–1953) walisischer Schriftsteller

Tomorrow britische Rockband, die 1967 als Hausband im Londoner
UFO-Club Pink Floyd ablöste

Trifle englische Süßspeise

Tube umgangssprachlich für die Londoner U-Bahn

Tuilerien Ziegeleien

Turpin, Dick (eigentlich Turpin, Richard, 1705–1739) englischer
Straßenräuber und Viehdieb im Epping Forest, der als Vorbild in
verschiedenen Werken der Literatur, Musik und Bühne diente

UFO-Club bekannter, aber nur von Dezember 1966 bis Oktober 1967
existierender Underground-Club in London, in dem Bands wie
Pink Floyd, Soft Machine oder Tomorrow ihre Karrieren begannen

Victorian Society nationale Wohltätigkeitsorganisation, verantwortlich
für den Schutz viktorianischer und edwardianischer Architektur
und anderer Künste

Viktorianer Bezeichnung der Menschen, die im Viktorianischen Zeitalter, d.h. während der Regierungszeit von Queen Victoria von 1837
bis 1901 lebten.

WAAF Kurzform für Women's Auxiliary Air Force, einem ausschließlich aus Frauen bestehenden Hilfstrupp der Royal Air Force während des Zweiten Weltkriegs

Waterloo Bridge Brücke über die Themse, verbindet Waterloo Station
und Embankment

Whitehall Straße in London im Regierungsviertel Westminster

Autorinnen und Autoren

Mit * gekennzeichnete Titel wurden für diese Anthologie vom Verlag neu gesetzt.

Adrian Bailey

schreibt Kinderbücher und ist vor allem als Autor von Kochbüchern bekannt. Sein besonderes Engagement gilt dabei der Verbesserung des Rufs der englischen Küche, deren Leumund unverdientermaßen immer noch dürftig ist.

»Von Pubs und Pints – Eine Anleitung zum Trinken«* (»Drink«), aus: Len Deighton (Hg.), *Len Deighton's London Dossier*. Penguin Books, Middlesex 1967. © Trinity Travel Ltd, 1967. Aus dem Englischen von Patrick Sielemann. Deutsche Erstveröffentlichung.

Samuel Beckett

geboren 1906 in Dublin und gestorben 1989 in Paris, ist bis heute einer der am meisten aufgeführten Dramatiker, der besonders durch sein Stück *Warten auf Godot* bekannt wurde. Seit 1937 lebte er in Frankreich und schrieb seine Werke sowohl auf Französisch wie auch auf Englisch. 1969 wurde er mit dem Nobelpreis für Literatur ausgezeichnet.

»Warten im Hyde Park«, aus: Samuel Beckett, *Murphy*. Rowohlt Taschenbuch Verlag, Hamburg 1959. © Rowohlt Taschenbuch Verlag GmbH 1959. Aus dem Englischen von Elmar Tophoven.

Alan Bennett

geboren 1934 im nordenglischen Leeds. Er ist ein kreatives Multitalent und als Schriftsteller, Dramatiker, Regisseur und Schauspieler bekannt. Vor allem seine Prosatexte wiegen den Leser vordergründig im Glauben an eine geordnete Welt; die Ungeordnetheit derselben kommt erst allmählich und mit hintergründigem Humor zur Entfaltung.

»Tea Time bei der Queen – Ein Gedankenspiel«, aus: Alan Bennett, *Die souveräne Leserin*. Verlag Klaus Wagenbach, Berlin 2008. © Verlag Klaus Wagenbach 2008. Aus dem Englischen von Ingo Herzke.

Joe Boyd

geboren 1942 im amerikanischen Boston, hat eine bedeutende Karriere als Musikproduzent und Organisator von Musikfestivals gemacht. In den Sechzigerjahren lebte er in London und gehörte dort als Manager einer Plattenfirma und Betreiber des legendären UFO Clubs zu den frühen Förderern von Bands wie Pink Floyd und Soft Machine.

»Weiße Fahrräder – Die Swinging Sixties«* (»Vorwort«), aus: Joe Boyd, *White Bicycles. Musik in den 60er Jahren*. Verlag Antje Kunstmann, München 2007. © Verlag Antje Kunstmann 2007. Aus dem Englischen von Wolfgang Müller.

Winston Churchill

geboren 1874 im Familienschloss in der Nähe von Oxford, gestorben 1965 in London, war der bedeutendste britische Politiker des 20. Jahrhunderts. Nach spektakulären Erfolgen als Reporter im Burenkrieg ging er in die Politik und führte Großbritannien zum Sieg über Hitlerdeutschland. Er galt als brillanter Redner und als stilistisch herausragender Autor. 1953 wurde er mit dem Nobelpreis für Literatur ausgezeichnet.

»London hält stand – Die Stadt im Zweiten Weltkrieg«* (»London hält stand«), aus: Winston Churchill, *Der Zweite Weltkrieg. Mit einem Epilog über die Nachkriegsjahre*. Alfred Scherz Verlag, Bern 1950. © Scherz Verlag 1950. Alle Rechte vorbehalten S. Fischer Verlag GmbH, Frankfurt am Main. Aus dem Englischen von Eduard Thorsch.

Joseph Conrad

geboren 1857 als Józef Teodor Nałęcz Konrad Korzeniowski in der heutigen Ukraine, war allerdings polnischer Bürger. Ab 1878 lebte er in Großbritannien und wurde 1886 britischer Staatsbürger. Bis 1893 fuhr er zur See und sammelte dabei viele Motive für seine Erzählungen und Romane. Obwohl er das Englische erst spät erlernt hatte, gilt er als einer der herausragenden Stilisten der englischen Literatur. Er starb 1924 in der Nähe von Canterbury.

»Geist der Vergangenheit«, aus: Joseph Conrad, *Herz der Finsternis*. Deutscher Taschenbuch Verlag, München 2009. © Deutscher Taschenbuch Verlag GmbH & Co. KG 2009. Aus dem Englischen von Sophie Zeitz.

Buchi Emecheta

geboren 1944 in Lagos in Nigeria. Mit ihrem Ehemann, der zum Studium nach London ging, kam sie 1962 nach Großbritannien. Die unglückliche, von Gewalt geprägte Ehe wurde Gegenstand autobiografischer Romane. Emecheta gilt seit den späten 1970er Jahren als eine der wichtigsten Stimmen der afrikanischen Frauen in der Literatur. 2005 wurde sie mit dem »Order of the British Empire« ausgezeichnet.

»Eine teure Lektion«, aus: Buchi Emecheta, *Die Geschichte der Adah*. Knaur Verlag, München 1993. © Droemersche Verlagsanstalt Th. Knaur Nachf. GmbH & Co. KG 1993. Aus dem Englischen von Christine Steffen.

Theodor Fontane

geboren 1819 in Neuruppin und gestorben 1898 in Berlin, gilt als bedeutendster Vertreter des Realismus in der deutschen Literatur. Zeitlebens hatte er eine große Affinität zu England; so übersetzte er schon 1842 William Shakespeares *Hamlet* ins Deutsche. Nach mehreren Reisen nach London ließ er sich von 1855 bis 1859 dort als Korrespondent nieder. In dieser Zeit entstanden zahlreiche politische und kulturkritische Berichte, die dem deutschen Publikum die künstlerischen Strömungen der Zeit bekannt machten.

»Welche Fülle! Welcher Glanz!«* (»Die öffentlichen Denkmäler«), aus: Theodor Fontane, *Ein Sommer in London*. Insel Verlag, Frankfurt a. M. 1995.

Michael Frayn

1933 in London geboren, ist als vielseitiger Autor von Romanen und Theaterstücken, aber auch als Journalist und Philosoph, bekannt geworden. Dabei setzte er sich sowohl mit der Verantwortung der Wissenschaft in der Nazi-Diktatur auseinander als auch mit der Spionage-Affäre um Willy Brandt. Für seine Verdienste um die künstlerische Aufarbeitung der deutschen Geschichte erhielt er 2004 das Bundesverdienstkreuz.

»Die Welt der Zeitungen – Die Fleet Street und ihre Geheimnisse«* (»Nachwort«), aus: Michael Frayn, *Gegen Ende des Morgens*. Dörlemann Verlag, Zürich 2007. © Dörlemann Verlag AG 2007. Aus dem Englischen von Miriam Mandelkow.

Mohandas Karamchand Gandhi

genannt Mahatma Gandhi, wurde 1869 in der indischen Provinz Gujarat geboren und starb 1948 an den Folgen eines Attentats in Neu Delhi. Gandhi gehört zu den wichtigsten Persönlichkeiten des 20. Jahrhunderts, besonders aufgrund seines Einsatzes für einen gewaltfreien Kampf zur

Erlangung der Unabhängigkeit Indiens von Großbritannien und als Sprachrohr der unterdrückten nichtweißen Bevölkerung in Südafrika. Gandhi studierte zwischen 1888 und 1891 in London. Seine Erfahrungen in England verarbeitete er in seiner Autobiografie.

»Wie ich zum Vegetarier wurde – Mein Leben in London«* (»Leben in London«), aus: Mahatma Gandhi, *Mein Leben*. Insel Verlag, Leipzig 1930. © Insel Verlag 1930. Aus dem Englischen von Hans Reisiger.

Heinrich Heine

geboren 1797 in Düsseldorf und gestorben 1856 in Paris, ist einer der bedeutendsten deutschen Autoren des 19. Jahrhunderts. Heine, der 1827 nach England reiste, wurde durch seine scharfzüngigen Beobachtungen zu Alltag und Politik überaus populär, eckte allerdings bei den Regierenden seiner Zeit an und sah sich gezwungen, 1831 ins Pariser Exil auszuweichen. Deutschland sollte er danach nur noch zwei Mal kurz besuchen.

»Pulsschlag der Welt«* (»London«), aus: Heinrich Heine, *Werke und Briefe in zehn Bänden*. Aufbau-Verlag, Berlin und Weimar 1980.

Nick Hornby

1957 im Londoner Vorort Redhill geboren, zählt zu den einflussreichsten Pop-Literaten im Königreich. In seinen Romanen beschäftigt er sich mit Themen wie Fußball und Popmusik, aber auch mit den Tücken der Paarbeziehungen der städtischen Mittelschicht. Für sein Drehbuch zum Film *An Education* wurde er 2010 für einen Oscar nominiert.

»Der größte Augenblick aller Zeiten – Liverpool gegen Arsenal«, aus: Nick Hornby, *Fever Pitch. Die Geschichte eines Fans*. Kiepenheuer & Witsch, Köln 1997. © Kiepenheuer & Witsch 1997. Aus dem Englischen von Marcus Geiss und Henning Stegelmann.

Joris-Karl Huysmans

1848 in Paris geboren und 1907 dort gestorben, prägte die französische Literatur des 19. Jahrhunderts entscheidend mit. Besonders der Roman *À Rebours,* die »Bibel der Décadence«, machte ihn gegen Ende des 19. Jahrhunderts zum Kultautor des Ästhetizismus und inspirierte unter anderem Oscar Wilde zu seinem Roman *Das Bildnis des Dorian Gray.*

»London ist überall – Ein Ausklang«, aus: Joris-Karl Huysmans, *Gegen den Strich*. Diogenes Verlag, Zürich 1981. © Diogenes Verlag AG 2007. Aus dem Französischen von Hans Jacob.

Egon Erwin Kisch
geboren 1885 in Prag und 1948 dort gestorben, stellte mit seinen Berichten und Reportagen in ungewöhnlich erhellender Weise die Zeitläufe dar. Seine Reisen führten ihn in viele Länder. Kisch bekämpfte aktiv die k.u.k. Monarchie und später den Nationalsozialismus und verbrachte den Zweiten Weltkrieg im Exil in Mexiko.
»Streifzug durch das East End«* (»Streifzug durch das dunkle London«), aus: Egon Erwin Kisch, *Gesammelte Werke in Einzelausgaben. Bd. 6: Der rasende Reporter. Gesammelte Werke in Einzelausgaben.* Herausgegeben von Bodo Uhse und Gisela Kisch. Aufbau-Verlag, Berlin 1972. © Aufbau-Verlag GmbH & Co. KG, Berlin 1972 (Diese Geschichte erschien erstmals 1972 im Aufbau-Verlag; Aufbau ist eine Marke der Aufbau-Verlag GmbH & Co. KG.)

Doris Lessing
1919 im Iran geboren, wuchs in Rhodesien (heute Zimbabwe) auf und kam 1949 nach Großbritannien, wo sie bereits mit ihrem ersten Roman über ihre Erfahrungen in Afrika Aufmerksamkeit erregte. Durch ihr Hauptwerk *Das goldene Notizbuch* wurde sie – gegen ihren Willen – zu einer Ikone der Frauenbewegung. Sie wurde 2007 mit dem Nobelpreis für Literatur ausgezeichnet und wurde bereits 1999 zum »Companion of Honour« ernannt.
»Eine Stadtrundfahrt«* (»Zur Verteidigung der Underground«), aus: Doris Lessing, *Der Preis der Wahrheit. London Stories.* Hoffmann und Campe, Hamburg 1991. © Hoffmann und Campe Verlag 1991. Aus dem Englischen von Anette Grube.

Edgar Allan Poe
geboren 1809 im amerikanischen Boston und 1849 in Baltimore gestorben, gilt als wichtigster Vertreter der Detektiv- und Horrorgeschichte im 19. Jahrhundert. Früh verwaist, verbrachte er einen großen Teil seiner Jugend in England, kehrte aber mit siebzehn Jahren in die USA zurück, wo er für viele Zeitschriften arbeitete und als einer der ersten Berufsschriftsteller sein Leben fristete. Er gilt als wichtiger Wegbereiter des Symbolismus in der Literatur.
»Der Mann in der Menge«, aus: Theodor Etzel (Hg.), *Edgar Allan Poes Werke. Gesamtausgabe der Dichtungen und Erzählungen*, Propyläen Verlag, Berlin 1922.

Edward Rutherfurd
geboren 1948 in Salisbury, ist vor allem als Autor historischer Romane bekannt, die ungewöhnlich große Zeiträume behandeln. Nach seinem Studium arbeitete er als Buchhändler und im Verlagswesen, bevor ihm mit *Sarum* der Durchbruch als Schriftsteller gelang.

»Ein Opfer für Britanniens Götter«* (»Der Fluss«), aus: Edward Rutherfurd, *London*. Knaur Verlag, München 2000. © Edward Rutherfurd 1997, veröffentlicht mit Genehmigung Nr. 68930 der Paul & Peter Fritz AG Zürich. Aus dem Englischen von Gabriele Krüger-Wirrer und Angela Schumitz.

Virginia Woolf
1882 in London geboren und 1941 in Lewes durch Selbstmord gestorben, gehörte zu den wichtigsten englischen Literaten der Moderne. Sie stammte aus einer bedeutenden Familie von Intellektuellen und prägte das politische und künstlerische Denken bis in die Dreißigerjahre entscheidend mit.

»Abteien und Kathedralen – Orte des Lebens, Orte des Todes«* (»Abteien und Kathedralen«), aus: Virginia Woolf, *London. Bilder einer großen Stadt*. Verlag Klaus Wagenbach, Berlin 1992. © Verlag Klaus Wagenbach 1992. Aus dem Englischen von Kyra Stromberg.

Der Verlag dankt den Autorinnen und Autoren dieses Bandes, bzw. deren Vertretern, für die Überlassung der Abdruckrechte. Trotz intensiver Bemühungen konnten in einzelnen Fällen die Rechteinhaber nicht ermittelt werden. Sie werden gebeten, sich mit dem Verlag in Verbindung zu setzen.

Even with great effort some of the copyright holders could not be found. They are kindly requested to contact Unionsverlag.

Der Herausgeber

Holger Ehling, geboren 1961 in Bad Hersfeld, ist Journalist und Sachbuchautor. Er arbeitete als Korrespondent in Afrika, Neuseeland und Lateinamerika und lebte mehrere Jahre als Berichterstatter in London. Seine Sicht Englands schildert er in dem Buch *England, glorious England. Annäherung an eigenwillige Verwandte* (2009).

Bildnachweis

Foto Umschlaginnenseite: Claudio Divizia